PARA APRENDER DIREITO

Direito Previdenciário

Ivan Kertzman

Dados Internacionais de Catalogação na Publicação (CIP)
Câmara Brasileira do Livro, SP, Brasil

Kertzman, Ivan
Direito Previdenciário / Ivan Kertzman.
São Paulo: Barros, Fischer & Associados, 2005
(Para aprender Direito; 12)

Bibliografia.
ISBN 85-88749-76-9

1. Direito Previdenciário 2. Direito Previdenciário – Brasil
I. Título. II. Série

05-5444 CDU-34:368.4 (81)

Índice para catálogo sistemático:
1. Brasil: Direito Previdenciário 34:368.4(81)

PARA APRENDER **DIREITO**

Direito Previdenciário

Ivan Kertzman

Barros, Fischer & Associados

Barros, Fischer & Associados

Editores
Flávio Barros Pinto
Ricardo A. Fischer

PARA APRENDER DIREITO

Direito Previdenciário

Direito Previdenciário faz parte da coleção *Para aprender Direito*, editada pela Barros, Fischer & Associados, em parceria com o Exord – Instituto de Extensão em Direito.

Conselho editorial
Aline Fardin
Andréa Depintor
Flávio Barros Pinto
Juliana Rizoli
Marcos Antonio Oliveira Fernandes
Marise Ferreira de Oliveira

Projeto gráfico
Maurício Cioffi

Capa e ilustrações
Tide Hellmeister

Edição e preparação
Márcia Menin

Revisão
Naiara Raggiotti

Editoração eletrônica
DeAaZê Comunicação

Coordenação
Zito Sanna

4ª edição – Janeiro de 2008

Endereços
Barros, Fischer & Associados Ltda.
Rua Ulpiano, 86
Lapa, São Paulo
CEP 05050-020
Tel./fax: 0 (xx)11 3675-0508

Exord
Avenida Paulista, 171, 1º andar
Tel.: 0 (xx)11 3372-2500
www.exord.com.br
exord@exord.com.br

Distribuição e vendas
Bafisa, tel.: 0 (xx)11 3675-0508
www.bafisa.com.br
bafisa@uol.com.br

Impressão e acabamento
RR Donnelley

Sobre o autor:
Ivan Kertzman é formado em Administração de Empresas pela Universidade Federal da Bahia (UFBA), com especialização em finanças empresariais pela Universidade de São Paulo (USP). Auditor fiscal da Previdência Social e professor em diversos cursos preparatórios para concursos públicos, é autor dos livros *Guia prático da Previdência Social* e *Curso prático de Direito Previdenciário*, ambos editados pelas Edições JusPODIVM.

Sumário

1

DEFINIÇÃO DE SEGURIDADE SOCIAL

A seguridade social foi definida no *caput* do artigo 194 da Constituição Federal como "um conjunto integrado de ações de iniciativa dos poderes públicos e da sociedade, destinadas a assegurar o direito à saúde, à previdência e à assistência social".

O Direito Previdenciário estuda apenas um desses ramos: a previdência social.

Neste capítulo, entretanto, serão comentados aspectos iniciais relacionados aos três ramos da seguridade.

Saúde

Arts. 196 a 200, CF

> Art. 196, CF – A saúde é direito de todos e dever do Estado, garantido mediante políticas sociais e econômicas que visem à redução do risco de doenças e de outros agravos, e ao acesso universal e igualitário às ações e serviços para a sua promoção, proteção e recuperação.

O acesso à saúde **independe de pagamento** e é **irrestrito**, inclusive para os estrangeiros que não residem no país. Até as pessoas ricas podem utilizar o serviço público de saúde, não sendo necessário efetuar quaisquer contribuições para ter direito a tal atendimento.

A saúde é administrada pelo Sistema Único de Saúde (SUS), vinculado ao Ministério da Saúde. Esse órgão não guarda qualquer relação com o Instituto Nacional do Seguro Social (INSS) ou com a Previdência Social. A confusão é bastante freqüente no meio popular, já que, no passado, a saúde e a previdência faziam parte da mesma estrutura, como será visto no próximo capítulo.

O SUS é financiado com recursos dos orçamentos da seguridade social elaborados pela União, Estados, Distrito Federal e Municípios, além de outras fontes.

A assistência à saúde é livre à iniciativa privada (art. 199, CF). As instituições privadas podem participar de forma complementar ao SUS, segundo diretrizes deste, mediante contrato de direito público ou convênio, tendo preferência as entidades filantrópicas e as sem fins lucrativos.

É proibida, no entanto, a destinação de recursos públicos para auxílios ou subvenções às instituições privadas com fins lucrativos, ou seja, essas empresas têm direito de participar do SUS, mas não de receber qualquer espécie de incentivo com recursos públicos.

Já as empresas ou capitais estrangeiros não podem fazer parte da assistência à saúde no país, salvo nos casos previstos em lei.

As ações e serviços públicos de saúde integram uma rede regionalizada e hierarquizada e constituem um sistema único, organizado de acordo com as seguintes diretrizes:

a) descentralização, com direção única em cada esfera de governo;
b) atendimento integral, com prioridade para as atividades preventivas, sem prejuízo dos serviços assistenciais;
c) participação da comunidade.

Assistência social

Arts. 203 e 204, CF

A assistência social será prestada a quem dela necessitar, **independentemente de contribuição** à seguridade social. Aqui, o requisito básico é a **necessidade** do assistido.

A assistência possui os seguintes objetivos:

a) a proteção à família, à maternidade, à infância, à adolescência e à velhice;
b) o amparo às crianças e aos adolescentes carentes;
c) a promoção da integração ao mercado de trabalho;
d) a habilitação e reabilitação das pessoas portadoras de deficiência e a promoção de sua integração à vida comunitária;
e) a garantia de um salário mínimo de benefício mensal à pessoa portadora de deficiência e ao idoso que comprovem não possuir meios de prover à própria manutenção ou de tê-la provida por sua família, conforme dispuser a lei.

Percebe-se, ao analisar os objetivos da assistência social, que estes englobam serviços prestados e benefícios concedidos. A assistência social garante o benefício de **um salário mínimo** ao **idoso** e/ou **deficiente** que comprovem não possuir meios de prover à própria manutenção ou de tê-la provida por sua família. Os benefícios assistenciais serão objeto de estudo em capítulo próprio.

Os benefícios assistenciais pecuniários são devidos somente aos brasileiros e estrangeiros naturalizados e domiciliados no Brasil que não estejam cobertos pela previdência social do país de origem.

Previdência social

Arts. 201 e 202, CF

A previdência social será organizada sob a forma de regime geral, de caráter **contributivo** e de **filiação obrigatória**, observados critérios que preservem o equilíbrio financeiro e atuarial, e atenderá a (art. 201, CF):

I. cobertura dos eventos de doença, invalidez, morte e idade avançada;
II. proteção à maternidade, especialmente à gestante;
III. proteção ao trabalhador em situação de desemprego involuntário;
IV. salário-família e auxílio-reclusão para os dependentes dos segurados de baixa renda;
V. pensão por morte do segurado, homem ou mulher, ao cônjuge ou companheiro e dependente.

Para atender a esses princípios, a Lei 8.213/91 instituiu os seguintes benefícios:

- aposentadoria por invalidez;
- aposentadoria por idade;
- aposentadoria por tempo de contribuição;
- aposentadoria especial;
- salário-maternidade;
- salário-família;
- auxílio-doença;
- auxílio-acidente;
- pensão por morte;
- auxílio-reclusão;

Tais prestações são gerenciadas pelo Ministério da Previdência Social com apoio do INSS, autarquia federal responsável pela administração dos benefícios previdenciários.

A organização da previdência social é sustentada por dois princípios básicos, conforme definição do próprio texto constitucional: **compulsoriedade** e **contributividade**.

O princípio da compulsoriedade é o que obriga a filiação a regime de previdência social aos trabalhadores que exercem atividades remuneradas lícitas. Se os segurados pudessem optar entre verter parte de sua remuneração para o sistema de previdência social ou utilizar todos os ganhos para pagamento das despesas domésticas, certamente a maioria escolheria a segunda alternativa. Diversos trabalhadores estariam, assim, excluídos do sistema protetivo, gerando um completo caos social, pois, quando ficassem impossibilitados de exercer suas atividades, não teriam como prover seu sustento.

A contributividade significa que, para ter direito a qualquer benefício da Previdência Social, é necessário enquadrar-se na condição de segurado, devendo contribuir para a manutenção do sistema previdenciário. Mesmo o aposentado que volta a exercer atividade profissional remunerada é obrigado a contribuir.

Regimes de previdência social

No Brasil existem três tipos de regimes previdenciários:

- Regime Geral da Previdência Social (RGPS);
- Regimes Próprios de Previdência Social (RPPS);
- Regime de Previdência Complementar.

Neste capítulo, apresentam-se noções básicas sobre os três regimes. No decorrer da obra, entretanto, serão estudados a organização e o funcionamento do RGPS.

Note-se que são regimes públicos de previdência social tanto o RGPS quanto os RPPS, pois ambos são administrados pelo Poder Público. O Regime de Previdência Complementar, atualmente em funcionamento, é de natureza privada.

REGIME GERAL DE PREVIDÊNCIA SOCIAL (RGPS)

O RGPS é regime de previdência social de organização estatal, contributivo e compulsório, administrado pelo INSS (benefícios) e pela Secretaria da Receita Federal do Brasil (órgão do Ministério da Fazenda responsável pela arrecadação, fiscalização e cobrança das contribuições previdenciárias).

Até outubro de 2004, cabia ao INSS, autarquia federal, a administração de todo o sistema previdenciário, incluindo as atividades de arrecadação de tributos e concessão de benefícios.

Com a edição da Medida Provisória 222, de 4 de outubro de 2004, regulada pelo Decreto 5.256, de 27 de outubro de 2004, foram atribuídas ao Ministério da Previdência Social as competências tributárias do INSS, com a criação da Secretaria da Receita Previdenciária no âmbito da administração direta. O quadro de auditores-fiscais da Previdência Social foi transferido do INSS para a estrutura do Ministério da Previdência, assim como os servidores do INSS que exerciam suas funções nas áreas de arrecadação e cobrança.

Em 21 de julho de 2005, foi editada a Medida Provisória 258, que uniu a Secretaria da Receita Federal com a Secretaria da Receita Previdenciária, criando a Secretaria da Receita Federal do Brasil (SRFB), concentrando quase a totalidade da arrecadação de tributos federais. A Medida Provisória 258/05, entretanto, não foi aprovada pelo Congresso Nacional, retornando a situação anterior à sua edição (existência das Secretarias da Receita Federal e da Receita Previdenciária).

O governo, inconformado com a derrota, enviou ao Congresso Nacional projeto de lei versando sobre o mesmo tema: a unificação da Secretaria da Receita Federal com a Secretaria da Receita Previdenciária, resultando na Secretaria da Receita Federal do Brasil (SRFB), chamada de Super-Receita.

Após longa tramitação, em 16 de março de 2007 foi publicada a Lei 11.457 que instituiu a sonhada Secretaria da Receita Federal do Brasil, ficando criada a carreira de auditoria da Receita Federal do Brasil, composta pelos cargos de nível superior de auditor-fiscal da Receita Federal do Brasil (antigos auditores da Receita Federal e da Previdência Social) e de analista-tributário da Receita Federal do Brasil (antigos técnicos da Receita Federal). A nova Secretaria passou a existir em 2 de maio de 2007, por expressa disposição legal (art. 51, II, da Lei 11.457/07).

Depois de todas estas alterações, o INSS passou a ser responsável, unicamente, pela administração dos benefícios previdenciários, enquanto à SRFB compete as atividades relacionadas com a arrecadação, fiscalização e cobrança de tributos previdenciários, além dos tributos de competência da antiga Receita Federal, quais sejam: Imposto de Renda, PIS, Cofins, Contribuição Social sobre o Lucro Líquido, CPMF, PIS e Cofins Importação, Contribuição sobre Concursos de Prognósticos, Imposto de Importação e Imposto de Exportação.

Com isso, a administração de todos os tributos federais passou a ser exercida por um único ente.

O Regime Geral de Previdência Social é aquele que abrange o maior número de segurados, sendo obrigatório para todos que exercem atividades remuneradas por ele descritas. Assim, os empregados de empresas privadas e as pessoas que trabalham por conta própria estão, também, obrigatoriamente filiados, devendo contribuir com sua parte para o sistema.

Por exemplo, o vendedor de picolés que trabalha diariamente na praia e a faxineira que executa seu serviço em diversas casas recebendo diária são considerados segurados obrigatórios do RGPS e devem, por isso, contribuir para o sistema. Caso não contribuam, essas pessoas estarão em débito com a Previdência Social e não poderão obter qualquer benefício, pois, como visto, o regime é essencialmente contributivo.

Mesmo aqueles que não exercem atividade remunerada (ex.: dona de casa) podem ser filiados ao RGPS, desde que optem por isso. Com tal decisão, passam a pagar, mensalmente, contribuições para o sistema, tendo o direito de gozar todos os benefícios como qualquer trabalhador que contribua. São os chamados segurados facultativos.

Cabe salientar que o servidor vinculado a regime próprio que exerça também atividade na iniciativa privada será segurado obrigatório dos dois regimes (RGPS e RPPS), podendo usufruir de todos os benefícios provenientes de ambas as filiações. Isso demonstra ser possível o segurado perceber mais de uma aposentadoria.

É vedada a filiação ao RGPS, na qualidade de segurado facultativo, de participante de regime próprio de previdência social. Para que este possa filiar-se ao RGPS, é necessário que exerça trabalho de natureza privada.

REGIMES PRÓPRIOS DE PREVIDÊNCIA SOCIAL

Fazem parte desses regimes os servidores públicos da União, dos Estados e dos Municípios que preferiram organizar-se segundo estatuto próprio. Daí afirmar-se que tais servidores são estatutários, ou seja, obedecem a normas próprias, especiais, diferentes, portanto, daquelas aplicadas aos trabalhadores da iniciativa privada. Os militares também têm seu regime próprio, segundo normas igualmente diferenciadas.

Todos os Estados membros e o Distrito Federal instituíram seus regimes próprios, com contribuições e benefícios específicos, sempre regidos por lei. A maioria dos Municípios, entretanto, não possui regime próprio de previdência e seus servidores participam obrigatoriamente do RGPS.

Acrescente-se que os chamados regimes próprios devem garantir, ao menos, os benefícios da aposentadoria e da pensão por morte, sob pena de seus segurados serem necessariamente filiados ao RGPS.

De maneira diversa do que acontece com os trabalhadores filiados ao RGPS, a base de contribuição dos servidores públicos filiados a regimes próprios ainda não tem limite máximo. Atualmente, se um servidor recebe R$ 5.000,00, contribuirá com um percentual sobre esse valor. Obviamente, os benefícios são equivalentes à remuneração recebida.

A reforma da Previdência (EC 41/03) limitou a base de contribuição à mesma utilizada pelo RGPS, porém condicionou a vigência da nova regra à instituição de uma previdência complementar oficial para os servidores públicos. Como até o momento esta não foi criada, os servidores continuam recolhendo de acordo com as antigas regras (art. 40, § 14, CF).

REGIMES DE PREVIDÊNCIA COMPLEMENTAR

Há dois tipos de Regimes de Previdência Complementar:

a) Regime de Previdência Complementar dos Servidores Públicos;
b) Regime de Previdência Privada Complementar.

O Regime de Previdência Complementar dos Servidores Públicos está previsto na Constituição Federal (art. 40, §§ 14 a 16, CF). Como mencionado, a União, os Estados, o Distrito Federal e os Municípios, desde que instituam regime de previdência complementar para seus respectivos servidores titulares de cargo efetivo, poderão fixar, para o valor das aposentadorias e pensões a serem concedidas por seus regimes, o limite máximo estabelecido para os benefícios do Regime Geral de Previdência Social. A previdência complementar dos servidores ainda não foi instituída.

Somente mediante prévia e expressa opção do servidor esse regime poderá ser aplicado àquele que tiver ingressado no serviço público até a data da publicação do ato de instituição do correspondente regime de previdência complementar.

Facultativo e, obviamente, de natureza privada, o Regime de Previdência Privada Complementar é organizado de forma autônoma em relação ao Regime Geral de Previdência Social e baseia-se na constituição de reservas que garantam o benefício contratado. Pode ser dividido em duas categorias:

- **Planos de previdência complementar fechada** – São os aplicáveis a grupos fechados que contribuem para obter os respectivos benefícios. As empresas costumam aderir a esses planos, em benefício de seus empregados (ex.: Plano Petros, da Petrobras).
- **Planos de previdência complementar aberta** – São os organizados por instituições financeiras e disponibilizados para quem deles tiver interesse em participar (ex.: Brasil Prev, Itaú Prev).

O Regime de Previdência Privada Complementar deve ser regulado por lei complementar que assegure ao participante o pleno acesso às informações relativas à gestão de seus respectivos planos. Atualmente, as leis que regulam a matéria são as Leis Complementares 108/01 e 109/01.

As contribuições do empregador, os benefícios e as condições contratuais previstas nos estatutos, regulamentos e planos de benefícios das entidades de previdência privada não integram o contrato de trabalho dos participantes nem sua remuneração.

Em Resumo

Definição de Seguridade Social

A seguridade social foi definida no *caput* do artigo 194 da Constituição Federal como "um conjunto integrado de ações de iniciativa dos poderes públicos e da sociedade, destinadas a assegurar o direito à saúde, à previdência e à assistência social".

A saúde é direito de todos e dever do Estado. O acesso à saúde **independe de pagamento** e é **irrestrito**, inclusive para os estrangeiros que não residem no país.

A assistência social será prestada a quem dela necessitar, **independentemente de contribuição** à seguridade social. Aqui, o requisito básico é a **necessidade** do assistido.

A previdência social pública é contributiva e compulsória. Já a previdência complementar é facultativa. Veja o esquema a seguir:

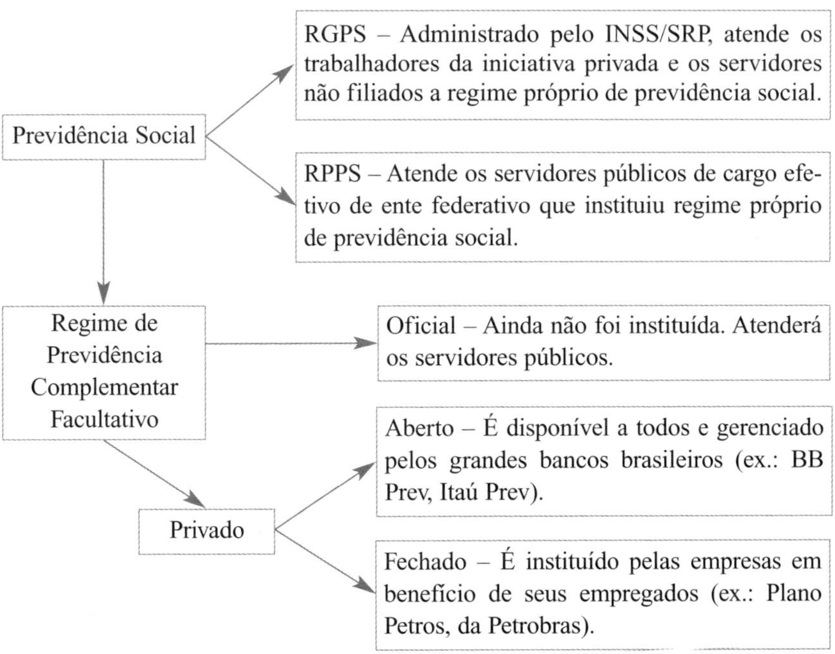

Preste Atenção

1. Apesar de o órgão que administra a saúde ter o nome "Sistema **Único** de Saúde", as ações nesta área são **descentralizadas**. As bancas examinadoras dos concursos públicos costumam elaborar proposições mencionando que o Sistema Único de Saúde (SUS) possui ações centralizadas.
Outro ponto abordado em concursos é a priorização das ações de **caráter preventivo da saúde**. Questões tentam confundir o candidato, mencionando que será priorizado o atendimento aos enfermos em detrimento das ações preventivas.

2. Embora no texto constitucional haja previsão expressa de que a previdência social deve proteger o trabalhador em situação de desemprego involuntário, o benefício governamental fornecido nessa situação – **seguro-desemprego – é administrado pelo Ministério do Trabalho e Emprego**, não fazendo parte dos benefícios previdenciários. Ocorre que esse benefício é tipicamente previdenciário e, de fato, deveria ser oferecido pela previdência social; entretanto, por razões políticas, sua administração passou para o Ministério do Trabalho.
Algumas proposições de concursos públicos citam trecho do texto constitucional do qual consta **previsão do atendimento** à situação do desemprego involuntário pela previdência social. Essas questões, obviamente, devem ser consideradas corretas. Se, contudo, a proposição afirmar que o seguro-desemprego é um **benefício efetivamente oferecido** pela previdência social, deve ser considerada errada.

3. O RGPS atende os **trabalhadores da iniciativa privada**, entretanto é **regime público** de previdência social, pois é organizado pelo Estado.

2 Histórico da Seguridade Social

O objetivo deste capítulo é fornecer informações sobre a evolução histórica da seguridade social, no Brasil e no mundo, focando as questões mais recorrentes em concursos públicos.

Histórico mundial

As primeiras normas protetivas editadas tiveram caráter eminentemente assistencial. Em 1601, o *Poor Relief Act* (Lei dos Pobres), da Inglaterra, instituiu auxílios e socorros públicos aos necessitados.

Sob a ótica previdenciária, o primeiro ordenamento legal foi editado na Alemanha, por Otto Von Bismarck, em 1883, com a instituição do seguro-doença. Nesse mesmo país, foram criados a cobertura compulsória para os acidentes de trabalho, em 1884, e o seguro de invalidez e velhice, em 1889.

A primeira Constituição a incluir o tema previdenciário foi a do México, em 1917, seguida pela Constituição alemã de Weimar, em 1919.

Ponto-chave do estudo da evolução histórica da seguridade social no mundo é o chamado Plano Beveridge, instaurado na Inglaterra em 1942. Esse plano marca a estrutura da seguridade social moderna, com a **participação universal** de todas as categorias de trabalhadores e cobrança compulsória de contribuições para financiar as três áreas da seguridade: **saúde**, **previdência social** e **assistência social**.

Atualmente, o modelo de proteção estatal está sendo substituído, em alguns países da América Latina, por políticas previdenciárias organizadas sem a participação estatal. Foi o que ocorreu no Chile (primeiro a utilizar esse modelo), Colômbia, Uruguai, Peru, etc.

Histórico brasileiro

O seguro social brasileiro iniciou-se com a organização privada, e, aos poucos, o Estado foi apropriando-se do sistema por meio de políticas intervencionistas. Nesse sentido, as primeiras entidades a atuar na seguridade social foram as santas casas de misericórdia, como a de Santos, que, em 1553, prestava serviços no ramo da assistência social.

A Constituição de 1891 estabeleceu a aposentadoria por invalidez para os servidores públicos, custeada pela nação.

Em 1919, foi instituído o seguro obrigatório de acidente de trabalho pela Lei 3.724, além de uma indenização a ser paga, obrigatoriamente, pelos empregadores a seus empregados acidentados.

A doutrina majoritária considera o marco da previdência social brasileira a publicação da Lei Eloy Chaves, Decreto-Lei 4.682, de 24 de janeiro de 1923, que criou as Caixas de Aposentadoria e Pensão (CAPs) para os empregados das empresas ferroviárias, mediante contribuição dos empregadores, dos trabalhadores e do Estado, assegurando aposentadoria aos empregados e pensão a seus dependentes.

Durante a década de 20, o sistema das CAPs foi ampliado para diversas empresas, inclusive de outros ramos, como dos portuários, dos marítimos etc. Note-se que as CAPs eram organizadas por empresas, sendo que cada uma delas possuía sua caixa.

Na década de 30, as 183 CAPs existentes foram reunidas em Institutos de Aposentadoria e Pensão (IAPs). Tais institutos eram organizados por categoria profissional, dando mais solidez ao sistema previdenciário, já que contavam com um número de segurados superior ao das CAPs, tornando o novo sistema mais consistente. A partir daí, surgiram IAPs de diversas categorias, como IAPM (marítimos), IAPC (comerciários), IAPB (bancários), IAPI (industriários) etc. O processo de unificação das CAPs em institutos perdurou até a década de 50.

A Constituição de 1934 foi a primeira a estabelecer a **tríplice forma de custeio**, com contribuição do governo, dos empregadores e dos trabalhadores. A Carta de 1937 utilizou, pela primeira vez, o termo "seguro social" sem, no entanto, trazer grandes evoluções securitárias.

A Constituição de 1946 usou, de forma inovadora, a expressão "previdência social". Foi garantida pelo constituinte a proteção aos eventos de doença, invalidez, velhice e morte. Essa Carta representou a primeira tentativa de sistematizar as normas de proteção social.

O Ministério do Trabalho e da Previdência Social foi criado em 1960. Nesse mesmo ano, aprovou-se a Lei Orgânica da Previdência Social (LOPS), que unificou os critérios estabelecidos para concessão de benefícios dos diversos IAPs até então existentes.

A incorporação de todos os IAPs ocorreu em 1967, com a criação, pelo Decreto-Lei 72/66, do Instituto Nacional da Previdência Social (INPS), consolidando-se o sistema previdenciário brasileiro.

Em 1977, foi instituído o Sistema Nacional de Previdência e Assistência Social (SINPAS), responsável pela integração das áreas de assistência social, previdência social, assistência médica e gestão das entidades ligadas ao Ministério da Previdência e Assistência Social. O SINPAS contava com os seguintes órgãos:

- **Instituto Nacional de Previdência Social (INPS)** – Autarquia responsável pela administração dos benefícios.
- **Instituto de Administração Financeira da Previdência Social (Iapas)** – Autarquia responsável pela arrecadação, fiscalização e cobrança de contribuições e demais recursos.
- **Instituto Nacional de Assistência Médica da Previdência Social (Inamps)** – Autarquia responsável pela saúde.
- **Fundação Legião Brasileira de Assistência (LBA)** – Fundação responsável pela assistência social.
- **Fundação Nacional do Bem-Estar do Menor (Funabem)** – Fundação responsável pela promoção de política social em relação ao menor.
- **Central de Medicamentos (Ceme)** – Órgão ministerial responsável pela distribuição de medicamentos.
- **Empresa de Processamento de Dados da Previdência Social (Dataprev)** – Empresa pública responsável por gerenciar os sistemas de informática previdenciários.

Todas essas entidades foram posteriormente extintas, exceto a Dataprev, que existe até hoje, com a função de gerenciar os sistemas informatizados do Ministério da Previdência Social.

A Constituição de 1988 foi a que reuniu as três atividades da seguridade social: saúde, previdência social e assistência social.

Em 1990, a Lei 8.029/90 criou o Instituto Nacional do Seguro Social (INSS), mediante a fusão do INPS com o Iapas.

Em outubro de 2004, com a edição da Medida Provisória 222, foi criada a Secretaria da Receita Previdenciária no âmbito da administração direta com as atribuições relativas à arrecadação, as mesmas do antigo Iapas.

Em 21 de julho de 2005, foi editada a Medida Provisória 258, que uniu a Secretaria da Receita Federal com a Secretaria da Receita Previdenciária, criando a Secretaria da Receita Federal do Brasil (SRFB), concentrando quase a totalidade da arrecadação de tributos federais. Como já visto, a MP 258/05 não foi aprovada, retornando a situação anterior à sua edição com a existência das duas secretarias.

Em 16 de março de 2007 foi publicada a Lei 11.457, que instituiu a sonhada Secretaria da Receita Federal do Brasil, ficando criada a carreira de auditoria da Receita Federal do Brasil, composta pelos cargos de nível superior de auditor-fiscal da Receita Federal do Brasil (antigos auditores da Receita Federal e da Previdência Social) e de analista-tributário da Receita Federal do Brasil (antigos técnicos da Receita Federal). A nova Secretaria passou a existir em 2 de maio de 2007, por expressa disposição legal (art. 51, II, da Lei 11.457/07).

Em Resumo

Histórico da Seguridade Social

Histórico Mundial	
Ano	**Fato ocorrido**
1601	Lei dos Pobres, na Inglaterra, com caráter assistencial.
1883	Criação do seguro-doença, na Alemanha.
1884	Criação da cobertura para acidentes de trabalho, na Alemanha.
1889	Criação do seguro de invalidez e velhice, na Alemanha.
1917	Constituição mexicana, considerada a primeira a estruturar uma previdência social.
1919	Constituição alemã de Weimar.
1942	Plano Beveridge, na Inglaterra, que uniu os três ramos da seguridade: saúde, assistência social e previdência social.

Histórico Brasileiro	
Ano	**Fato ocorrido**
1553	Santa Casa de Santos presta serviços assistenciais.
1891	Constituição estabelece aposentadoria por invalidez para os servidores públicos.
1919	Seguro obrigatório de acidentes de trabalho.
1923	Lei Eloy Chave, criando a CAP das empresas ferroviárias. Marco da previdência brasileira.
Década de 20	Ampliação das CAPs para várias outras empresas.
Década de 30	Fusão das CAPs em IAPs por categoria profissional.
1934	Constituição estabelece a tríplice forma de custeio.
1946	Constituição utiliza, pela primeira vez, a expressão "previdência social", garantindo a proteção aos eventos de doença, invalidez, velhice e morte.
1960	Aprovação da LOPS.
1967	Criação do INPS com a unificação dos IAPs.
1977	Instituição do Sinpas, integrando as áreas de saúde, assistência social e previdência social.
1988	Constituição usa, pela primeira vez, a expressão "seguridade social", abrangendo as áreas de saúde, assistência social e previdência social.

Continua

Continuação

1990	Criação do INSS, mediante a fusão do INPS com o Iapas.
2004	Criação da Secretaria da Receita Previdenciária.
2005	Criação da Secretaria da Receita Federal do Brasil, que foi extinta devido à rejeição da MP 258, retornando as Secretarias da Receita Federal e da Receita Previdenciária.
2007	Criação da Secretaria da Receita Federal do Brasil pela lei 11.457/07, a partir da fusão das Secretarias da Receita Federal e da Receita Previdenciária.

Preste Atenção

1. As **primeiras leis** previdenciárias surgiram na **Alemanha**, mas a **primeira Constituição** a tratar do tema foi a **Carta Mexicana**.

2. **A criação do INSS deu-se com a fusão do INPS com o Iapas**. Lembre-se de que o INPS era a autarquia responsável pela administração dos benefícios previdenciários e o Iapas, o órgão voltado para o custeio da previdência social, contendo a estrutura de arrecadação, fiscalização e cobrança. Questões de concursos públicos freqüentemente apresentam proposições sugerindo que o INSS surgiu da fusão do INPS com o Inamps, já que essas duas autarquias são as mais lembradas pela população. Note-se que o papel do Inamps era o de prestação de assistência médica, que, como visto no primeiro capítulo, atualmente é de competência do Sistema Único de Saúde (SUS).

3

A Seguridade Social na Constituição Federal

A seguridade social tem especial destaque no texto constitucional, no qual consta uma série de dispositivos que regulam o funcionamento e a estrutura da proteção social no país. Alguns desses dispositivos já foram mencionados no primeiro capítulo. Neste, serão vistos os dispositivos trazidos pela Carta Maior sem, é claro, perder o foco no direcionamento desta obra para concursos públicos.

Princípios constitucionais

Os princípios constitucionais são idéias matrizes orientadoras de todo o conjunto de normas e versam, basicamente, sobre a essência e estrutura da proteção social. São normas programáticas que devem orientar o Poder Legislativo na elaboração das leis que tratam sobre o regime protetivo, assim como o Executivo e o Judiciário na aplicação destas.

Ao estudar os princípios constitucionais da seguridade social, percebe-se que nem todos eles são aplicáveis a seus três ramos: saúde, previdência social e assistência social. Determinados princípios podem se adequar melhor a uma área específica da seguridade, como será demonstrado ao tratar de cada um deles.

O texto constitucional define os princípios constitucionais como objetivos da seguridade social que devem ser observados pelo Poder Público na organização do sistema.

Solidariedade

Art. 3.º, I, CF

O princípio da solidariedade é o pilar de sustentação do regime previdenciário. Não é possível a compreensão do sistema sem que o conceito de solidariedade esteja consolidado.

Pode-se defini-lo como o espírito que deve orientar a seguridade social, de forma que não haja, necessariamente, paridade entre contribuições e contraprestações securitárias. Por meio dele, tem-se em vista não a proteção de indivíduos isolados, mas de toda a coletividade.

A solidariedade do sistema previdenciário obriga contribuintes a verter parte de seu patrimônio para o sustento do regime protetivo, mesmo que nunca tenham a oportunidade de usufruir os benefícios e serviços oferecidos. É o que ocorre com o aposentado do RGPS que retorna ao trabalho, contribuindo da mesma forma que qualquer segurado, sem ter, entretanto, direito aos mesmos benefícios. A solidariedade justifica também a situação do segurado que recolheu durante 25 anos suas contribuições previdenciárias e faleceu sem deixar dependente e sem jamais ter se beneficiado de qualquer das prestações disponibilizadas.

Por outro lado, esse princípio atende, ainda, o segurado incapacitado permanentemente para o trabalho no segundo mês de atividade, aos 18 anos de idade, que tem direito a benefício pecuniário até o final de sua vida, desde que a incapacidade perdure.

Universalidade da cobertura e do atendimento

Art. 194, parágrafo único, I, CF

O princípio da universalidade do atendimento prega que todos devem estar cobertos pela proteção social. A saúde e a assistência social estão disponíveis a todos que necessitem de seus serviços. A previdência é regime contributivo de filiação obrigatória para os que exercem atividade remunerada lícita. Para atender ao princípio constitucional da universalidade da cobertura e do atendimento, a legislação previdenciária facultou a filiação mesmo àqueles que não exercem atividade remunerada abrangida pelo sistema. Foi, então, criada a categoria de segurado facultativo, que pode filiar-se ao sistema se assim desejar.

Por outro lado, universalidade da cobertura significa que a proteção da seguridade deve abranger todos os riscos sociais. Os benefícios, então, têm de ser instituídos com esse objetivo. Tal princípio é perfeitamente aplicável a todos os ramos da seguridade social.

Uniformidade e equivalência dos benefícios e serviços às populações urbanas e rurais

Art. 194, parágrafo único, II, CF

A Constituição Federal de 1988 igualou os direitos das populações urbanas e rurais.

No passado, a população rural podia obter benefícios de valor inferior ao salário mínimo, pois contribuíam sobre bases ínfimas. Com a nova Carta, os benefícios recebidos pelos rurais foram elevados ao patamar do salário mínimo, quando inferiores a esse valor.

Seletividade e distributividade na prestação dos benefícios e serviços

Art. 194, parágrafo único, III, CF

Seletividade na prestação dos benefícios e serviços implica que tal prestação seja fornecida apenas a quem realmente necessitar, desde que se enquadre nas situações que a lei definir. Somente poderão usufruir o auxílio-doença, por exemplo, os segurados que se encontrarem em situação de incapacidade temporária para o trabalho.

O princípio da distributividade é melhor aplicável à previdência e à assistência social. O Poder Público vale-se da seguridade social para distribuir renda entre a população. Isso porque as contribuições são cobradas de acordo com a capacidade econômica dos contribuintes. Assim, uma vez nos cofres previdenciários, os recursos captados são distribuídos para aqueles que precisem de proteção.

Irredutibilidade do valor dos benefícios

Arts. 194, parágrafo único, IV, e 201, § 4.º, CF

O princípio constitucional da irredutibilidade do valor dos benefícios busca assegurar seu reajustamento, preservando, em caráter permanente, seu valor real. Isso significa que o poder de compra do benefício, originalmente recebido, não pode sofrer redução.

Atualmente, o índice definido pelo RGPS é o Índice Nacional de Preços ao Consumidor (INPC), calculado pelo Instituto Brasileiro de Geografia e Estatística (IBGE), levando-se em conta o rendimento das famílias que possuem renda entre um e oito salários mínimos, sendo o chefe assalariado.

Eqüidade na forma de participação do custeio

Art. 194, parágrafo único, V, CF

Para definir a participação no custeio da seguridade social, levar-se-á em consideração a capacidade de cada contribuinte. As contribuições sociais têm de ser criadas de acordo com esse princípio, que satisfaz os três ramos da seguridade social.

Eqüidade, em bem apertada síntese, significa justiça no caso concreto. Logo, devem ser cobradas mais contribuições de quem tem maior capacidade de pagamento para que seja possível beneficiar os que não possuem as mesmas condições. Esse princípio está alinhado ao da distributividade das prestações dos benefícios e serviços.

Ressalte-se que **eqüidade não se confunde**, nesse caso, com o conceito de **igualdade**.

Diversidade da base de financiamento

Art. 194, parágrafo único, VI, CF

Os legisladores devem buscar diversas bases de financiamento ao instituir as contribuições para a seguridade social.

O objetivo desse ordenamento é diminuir o risco financeiro do sistema protetivo. Quanto maior o número de fontes de recursos, menor será o risco de a seguridade sofrer, inesperadamente, grande perda financeira.

Caráter democrático e descentralizado da administração

Art. 194, parágrafo único, VII, CF

A Constituição estabelece o "caráter democrático e descentralizado da administração, mediante gestão quadripartite, com participação dos trabalhadores, dos empregadores, dos aposentados e do governo nos órgãos colegiados".

Para atender a esse princípio, foram criados diversos conselhos de estrutura colegiada, entre eles o Conselho Nacional de Previdência Social (CNPS), o Conselho Nacional de Assistência Social (CNAS), o Conselho de Previdência Social (CPS) e o Conselho de Gestão da Previdência Complementar (CGPC). O SUS possui, também, administração descentralizada, como visto no primeiro capítulo.

O CNPS, órgão superior de deliberação colegiada, terá como membros:

a) seis representantes do governo federal;

b) nove representantes da sociedade civil, sendo:

- três representantes dos aposentados e pensionistas;
- três representantes dos trabalhadores em atividade;
- três representantes dos empregadores.

Os membros do CNPS e seus respectivos suplentes serão nomeados pelo presidente da República. Os representantes titulares da sociedade civil têm mandato de dois anos, podendo ser reconduzidos, de imediato, uma única vez.

Os representantes dos aposentados e pensionistas, dos trabalhadores em atividade, dos empregadores e seus respectivos suplentes serão indicados pelas centrais sindicais e confederações nacionais.

Tríplice forma de custeio

Art. 195, CF

A Constituição ordena que a seguridade social seja financiada por toda a sociedade, de forma direta e indireta, mediante recursos provenientes do **governo**, das **empresas** e dos **trabalhadores**.

O governo contribui como qualquer empresa caso contrate trabalhadores vinculados ao RGPS. Esses recursos devem estar incluídos no orçamento da seguridade social, que, como será visto ainda neste capítulo, deve ser elaborado de maneira autônoma pelos entes federativos (União, Estados, Distrito Federal e Municípios), contendo a previsão de receitas e despesas.

No caso de eventual falta de recursos para o pagamento dos benefícios do RGPS, cabe à União efetuar a complementação, por meio da destinação para esse fim de recursos de seu orçamento fiscal.

Após a Reforma da Previdência (EC 41/03), foi instituída a contribuição dos aposentados dos Regimes Próprios de Previdência Social para o financiamento do sistema previdenciário. A reforma, no entanto, não alterou a imunidade dos aposentados filiados ao RGPS. A tríplice forma de custeio, então, somente continua válida para o RGPS, pois, atualmente, os regimes próprios são financiados por quatro fontes: governo, trabalhadores, empresas e inativos (aposentados e pensionistas).

Outros destaques constitucionais

Financiamento da seguridade social

Art. 195, CF

O artigo 195 da Constituição dispõe que a seguridade social será financiada por toda a sociedade, de forma direta e indireta, mediante recursos provenientes dos orçamentos da União, dos Estados, do Distrito Federal e dos Municípios e das seguintes contribuições sociais:

> I. do **empregador**, da **empresa** e da **entidade a ela equiparada**, na forma da lei, incidentes sobre:
> a) a **folha de salários** e demais rendimentos do trabalho pagos ou creditados, a qualquer título, à pessoa física que lhe preste serviço, mesmo sem vínculo empregatício;

Essa contribuição, chamada de contribuição previdenciária patronal, pois se destina ao custeio dos benefícios previdenciários, é arrecadada, cobrada e fiscalizada pela Secretaria da Receita Federal do Brasil.

b) a **receita** ou o **faturamento**;

São o Programa de Integração Social (PIS) e a Contribuição para o Financiamento da Seguridade Social (Cofins). Essas contribuições são arrecadadas pela Secretaria da Receita Federal do Brasil (SRFB), não sendo, todavia, destinada exclusivamente para o pagamento dos benefícios previdenciários. O seu estudo não faz parte do escopo do Direito Previdenciário.

c) o **lucro**;

É a Contribuição Social sobre o Lucro Líquido (CSLL), que possui a mesma base de cálculo do Imposto de Renda das Pessoas Jurídicas (IRPJ), sendo administrada, arrecadada, fiscalizada e cobrada pela SRFB. Também não será objeto de estudo aprofundado nesta obra..

II. do **trabalhador** e dos demais **segurados** da Previdência Social, **não incidindo contribuição sobre aposentadoria e pensão** concedidas pelo **Regime Geral de Previdência Social**;

Essa contribuição também é considerada previdenciária e será estudada no decorrer da obra.

III. sobre a **receita de concursos de prognósticos**;

Concurso de prognóstico é todo concurso de sorteio de números ou quaisquer outros símbolos, loterias e apostas de qualquer natureza, promovidos por órgãos do Poder Público ou por sociedades comerciais ou civis. O Poder Público organiza os concursos lotéricos, promovidos pela Caixa Econômica Federal, entre outros. A iniciativa privada, por sua vez, organiza concursos, como Tele Sena. A contribuição incidente sobre a receita de concursos de prognósticos é a **renda líquida** dos concursos de prognósticos realizados **pelos órgãos do Poder Público** e **5%** sobre o movimento global de **apostas em prado de corridas e sorteios**, organizados pela iniciativa privada.

Renda líquida é o total da arrecadação, deduzidos os valores destinados ao pagamento de prêmios, impostos e despesas com administração e os valores destinados aos programas de crédito educativo. Atualmente, 30% da renda líquida dos concursos de prognósticos constitui receita do Fundo de Financiamento ao Estudante de Nível Superior (FIES).

IV. do **importador de bens ou serviços do exterior**, ou de quem a lei a ele equiparar.

São o PIS e a Cofins importação, administrados pela SRF.

As contribuições sociais aqui previstas são destinadas ao financiamento dos três ramos da seguridade social: saúde, previdência social e assistência social. Entretanto, aquelas consideradas previdenciárias (Ia e II) devem ser destinadas exclusivamente ao financiamento dos benefícios e serviços previdenciários e serão estudadas no decorrer desta obra.

Contribuições sociais

Arts. 149 e 195, §§ 4.º, 6.º, 9.º e 11, CF

De acordo com o Supremo Tribunal Federal, as contribuições sociais são espécies autônomas de tributos (RREE 138.284-8, rel. Min. Carlos Veloso; 146.733; ADC-1/DF).

A regra das contribuições sociais previdenciárias das empresas é a incidência sobre a folha de pagamento. A Constituição, no entanto, permitiu a criação de bases de contribuição sociais que melhor se apliquem ao ramo de atividade da empresa. Serão estudados em capítulo próprio os ramos de atividade que tiveram, até o momento, as bases de contribuição substituídas pela Receita.

É possível, também, a diferenciação de alíquotas de contribuição para empresas em função da utilização intensiva de mão-de-obra. Saliente-se que, como as contribuições previdenciárias são cobradas, pela regra geral, com base na folha de pagamento, quem emprega maior número de trabalhadores acaba por ter um custo previdenciário mais elevado, o que pode desestimular as contratações. Assim, o constituinte derivado (EC 20/98) previu a possibilidade de diferenciarem-se os percentuais de contribuição para empresas que utilizam intensamente mão-de-obra. Essa norma, no entanto, nunca foi regulamentada.

É vedada a concessão de remissão ou anistia das contribuições sociais da empresa quando relativas à folha de salários e das contribuições do trabalhador para débitos em montante superior ao definido em lei complementar (art. 195, § 11, CF).

Remissão é o perdão do valor principal da dívida já lançada. É hipótese de extinção do crédito tributário. Anistia é o perdão da multa e dos juros de mora ainda não lançados e exclui o crédito tributário. Ambos os institutos sofrem limitações quanto ao valor apenas em relação às contribuições previdenciárias.

As contribuições sociais seguem a anterioridade nonagesimal ou anterioridade mitigada, ou seja, somente poderão ser exigidas depois de decorridos 90 dias da data da publicação da lei que as houver instituído ou modificado.

Imunidade das entidades beneficentes de assistência social

Art. 195, § 7.º, CF, 55, Lei 8.212/91, e 206 a 210, Decreto 3.048/99

A Constituição Federal dispõe:

> São isentas de contribuição para a seguridade social as entidades beneficentes de assistência social que atendam às exigências estabelecidas em lei.

A Lei 8.212/91 exige que a entidade de assistência social:

> I. seja reconhecida como de utilidade pública federal;
> II. seja reconhecida como de utilidade pública pelo respectivo Estado, Distrito Federal ou Município onde se encontre sua sede;
> III. seja portadora do Certificado e do Registro de Entidade de Fins Filantrópicos, fornecido pelo Conselho Nacional de Assistência Social, renovado a cada três anos;
> IV. promova, gratuitamente e em caráter exclusivo, a assistência social beneficente a pessoas carentes, em especial a crianças, adolescentes, idosos e portadores de deficiência;
> V. não percebam seus diretores, conselheiros, sócios, instituidores ou benfeitores remuneração e não usufruam vantagens ou benefícios a qualquer título;
> VI. aplique integralmente o eventual resultado operacional na manutenção e desenvolvimento de seus objetivos institucionais, apresentando, anualmente, ao órgão do INSS/SRP competente, relatório circunstanciado de suas atividades.

As Leis 9.394/96 e 9.732/98 concederam isenção, também, às entidades que atuam nas áreas da saúde, prestando serviços para o SUS, e da educação, oferecendo vagas a alunos carentes.

A isenção das contribuições é extensiva a todas as entidades mantidas, suas dependências, estabelecimentos e obras de construção civil da pessoa jurídica de direito privado beneficente, quando por ela executadas e destinadas a uso próprio.

Imunidade às exportações

Art. 149, § 2.º, CF

A Emenda Constitucional 33/2001 ofereceu imunidade de contribuições sociais e de intervenção no domínio econômico às receitas provenientes de operação de exportação.

Competência da Justiça do Trabalho para cobrar contribuições previdenciárias

Art. 114, VIII, CF

Compete à Justiça do Trabalho executar, de ofício, as contribuições sociais previdenciárias das empresas e dos segurados decorrentes das sentenças que proferir.

Em uma reclamação trabalhista, então, o juiz do Trabalho deve cobrar não apenas a parte devida pelo empregador a seu empregado, mas também a parcela de contribuição previdenciária incidente.

Preexistência do custeio em relação aos benefícios e serviços

Art. 195, § 5.º, CF

Preexistência do custeio em relação aos benefícios e serviços significa que, para ser possível a criação ou ampliação de qualquer benefício ou serviço, deve haver, anteriormente, previsão da fonte dos recursos que financiará a nova prestação.

Um novo benefício deve ser financiado por uma nova fonte, não bastando apenas indicar recursos já existentes, sob o risco de padecer de inconstitucionalidade.

Substituição das contribuições sobre a folha

Art. 195, § 13, CF

A Emenda Constitucional 42/03 (Reforma Tributária) indicou a tendência de substituição das contribuições patronais incidentes sobre a folha de salários e demais rendimentos dos trabalhadores pela incidente sobre a receita ou faturamento. Tal dispositivo não é auto-aplicável, dependendo de lei para instituir a nova contribuição que substitua a base da folha de pagamento. Ainda não há qualquer proposta em tramitação no Legislativo.

Assim que essa mudança for implementada, a contribuição sobre a folha de salários poderá ser substituída gradual, total ou parcialmente por outra incidente sobre a receita ou o faturamento, devendo ter alíquota não cumulativa.

Em Resumo

A Seguridade Social na Constituição Federal

Os princípios da seguridade social são:

Solidariedade – O sistema é solidário, permitindo que alguns contribuam mais para que os necessitados possam se beneficiar.

Universalidade na cobertura e no atendimento – A seguridade social deve estar disponível a todos, sem qualquer parcela excluída.

Uniformidade e equivalência dos benefícios e serviços às populações urbanas e rurais – A Constituição Federal de 1988 igualou os direitos das populações urbanas e rurais.

Seletividade e distributividade na prestação de benefícios e serviços – Os benefícios e serviços devem ser prestados nos casos de real necessidade (seletividade). A distributividade visa a distribuir a renda entre as regiões e populações.

Irredutibilidade no valor dos benefícios – O valor real do benefício deve ser preservado por meio de reajuste periódico, repondo as perdas inflacionárias.

Eqüidade na forma de participação do custeio – Impõe que as contribuições sejam instituídas tomando como base a capacidade econômica de cada contribuinte.

Diversidade na base de financiamento – A base de financiamento deve ser o mais abrangente possível para não pôr em risco a gestão do sistema.

Caráter democrático e descentralizado da administração – É a chamada gestão quadripartite do sistema, com participação de representantes do governo, das empresas, dos trabalhadores e dos aposentados.

Tríplice forma de custeio – O sistema deve ser custeado por contribuições das empresas, dos trabalhadores e do próprio governo. A parte governamental é oferecida mediante inclusão no orçamento fiscal. No caso de eventual falta de recursos para o pagamento dos benefícios do RGPS, cabe à União efetuar a complementação.

PRESTE ATENÇÃO

1. O princípio da **seletividade e distributividade na prestação dos benefícios e serviços** não se confunde com o da **universalidade na cobertura e no atendimento**.

As provas de concursos públicos costumam misturar esses conceitos para confundir o candidato, utilizando textos como: "seletividade na cobertura e no atendimento" ou "universalidade na prestação dos benefícios e serviços".

Deve-se, então, entender a lógica dos princípios: **a cobertura é universal**; entretanto, **para fazer jus a um benefício ou serviço**, o segurado **deve enquadrar-se nas situações seletivas** definidas pelo legislador.

2. Questões de concursos públicos freqüentemente misturam o princípio da **tríplice forma de custeio** com o da **gestão quadripartite** da seguridade, formulando proposições como:
   a) A Constituição estabelece o caráter democrático e descentralizado da administração, mediante **gestão tripartite**, com participação dos trabalhadores, dos empregadores e do governo nos órgãos colegiados. (ERRADO)
   b) A seguridade social é **financiada** por toda a sociedade de **forma quadripartite**, mediante recursos provenientes do governo, das empresas, dos trabalhadores e dos aposentados. (ERRADO)

4

SEGURADOS DO RGPS

Os segurados do Regime Geral de Previdência Social dividem-se em dois grupos: segurados obrigatórios e facultativos.

Os segurados obrigatórios são os maiores de 16 anos, salvo na condição de menor aprendiz (a quem se permite o início das atividades a partir dos 14), que exercem qualquer tipo de atividade remunerada lícita que os vinculem, obrigatoriamente, ao sistema previdenciário.

A legislação previdenciária subdivide os segurados obrigatórios em cinco categorias: **empregado**, **empregado doméstico**, **contribuinte individual**, **trabalhador avulso** e **segurado especial**.

Os segurados facultativos são aqueles que, mesmo não estando vinculados obrigatoriamente à Previdência Social, por não exercerem atividade remunerada, optam por sua inclusão no sistema protetivo. Eles devem ter, no mínimo, 16 anos. Esse grupo foi criado para atender ao princípio constitucional da universalidade da cobertura e do atendimento, pois, dessa forma, mesmo os que não trabalham podem optar por sua inclusão no sistema previdenciário.

Os dependentes dos segurados têm direito a usufruir prestações previdenciárias. A legislação define quem são os dependentes, não podendo estes ser inscritos pela vontade do segurado. Este capítulo trata apenas dos segurados; seus dependentes serão estudados em capítulo próprio.

Segurados obrigatórios

Empregado

Arts. 12, I, Lei 8.212/91, e 9.º, I, Decreto 3.048/99

O conceito de segurado empregado para a legislação previdenciária é, como será visto, muito mais abrangente que aquele utilizado pelo Direito do Trabalho. Serão comentados aqui os principais pontos relacionados às diferentes classes de segurado empregado, destacadas a seguir.

I. Aquele que presta serviço de natureza urbana ou rural à empresa, em caráter não eventual, com subordinação e mediante remuneração, inclusive como diretor empregado.

Esse conceito é semelhante ao da legislação trabalhista, que exige para a caracterização do vínculo empregatício a não eventualidade e a pessoalidade da prestação do serviço, assim como a subordinação e o recebimento de remuneração.

Consideram-se não eventuais as atividades de periodicidade certa, mesmo que não sejam exercidas diariamente. Um professor que ministra uma aula por semana, em uma escola particular, pode ser considerado empregado, pois o trabalho, nessa situação, não é reputado eventual, tendo periodicidade definida.

A pessoalidade na prestação de serviços é, também, requisito fundamental para a caracterização do trabalhador empregado. O contrato demanda a atividade profissional de determinada pessoa, que não pode ser substituída por outra, mesmo que esta desempenhe tal atividade.

O trabalho do empregado é direcionado e comandado por um superior hierárquico, que pode ordenar a forma de execução das tarefas. Não existe empregado sem a subordinação. Obviamente, a remuneração do serviço prestado é obrigatória para que se enquadre o segurado na categoria de empregado.

Os trabalhadores contratados por empresas públicas, fundações ou sociedades de economia mista, regidos pela Consolidação das Leis Trabalhistas (CLT), também são considerados segurados empregados (ex.: os contratados da Petrobras e do Banco do Brasil).

II. O aprendiz, maior de quatorze e menor de vinte e quatro anos, ressalvado o portador de deficiência, ao qual não se aplica o limite máximo de idade, sujeito à formação técnica-profissional metódica, sob a orientação de entidade qualificada;

O aprendiz pode ter idade entre 14 e 24 anos, salvo se portador de deficiência, que não tem idade limite. O limite de idade foi alterado pela Medida Provisória 251, convertida na Lei 11.180, de 23/09/05, que alterou a redação dos artigos 428 e 433 da CLT. Antes desta Lei, o limite máximo de idade para o aprendiz era de 18 anos. O aprendiz é considerado empregado para fins previdenciários. Constitui a única classe de segurado que pode inscrever-se antes de completar 16 anos de idade.

III. Aquele que, contratado por empresa de trabalho temporário, por prazo não superior a três meses, prorrogável, presta serviço para atender a necessidade transitória de substituição de pessoal regular e permanente ou a acréscimo extraordinário de serviço de outras empresas, na forma da legislação própria.

As indústrias que atuam no ramo de fabricação de chocolates, por exemplo, nos meses de fevereiro e março, têm seus níveis de produção elevados para atender à demanda da Páscoa. Essas empresas podem optar pela utilização de mão-de-obra de trabalhadores temporários para atender ao excedente de serviço, em vez de efetuar novas contratações.

O prazo máximo da contratação é de três meses, permitido-se a prorrogação com a autorização de órgão local do Ministério do Trabalho e Emprego.

IV. O brasileiro ou o estrangeiro domiciliado e contratado no Brasil para trabalhar como empregado no exterior, em sucursal ou em agência de empresa constituída sob as leis brasileiras e que tenha sede e administração no país.

Percebe-se, nesse caso, que a legislação previdenciária dispõe que o **brasileiro** e o **estrangeiro**, domiciliados e contratados no Brasil para trabalhar no exterior, em uma sucursal ou agência de empresas constituídas sob as leis brasileiras, serão considerados empregados.

Exemplo: Yuri, brasileiro, trabalha no Brasil em uma empresa de construção civil constituída sob as leis brasileiras. Sua sucursal contratou uma obra na Venezuela para a construção do metrô da cidade de Caracas. Yuri, então, foi transferido para a Venezuela. Nesse caso, ele mantém o vínculo com o RGPS, devendo contribuir para o sistema brasileiro. Mesmo que Yuri tivesse nacionalidade venezuelana, manteria o vínculo com a Previdência Social brasileira.

Essa é uma forma de proteção às pessoas que residem no Brasil, pois, caso retornem ao país, contarão com a cobertura social, podendo ter acesso a todas as prestações previdenciárias.

V. O brasileiro ou o estrangeiro domiciliado e contratado no Brasil para trabalhar como empregado em empresa domiciliada no exterior, com maioria de capital votante pertencente à empresa constituída sob as leis brasileiras, que tenha sede e administração no país e cujo controle efetivo esteja em caráter permanente sob a titularidade direta ou indireta de pessoas físicas domiciliadas e residentes no Brasil ou de entidade de direito público interno.

Essa situação é semelhante à anterior e possui o mesmo objetivo: proteção social aos habitantes no território nacional. A diferença, nesse caso, é que a expatriação (transferência para o exterior) ocorre para uma empresa do grupo empresarial cujo controle acionário pertença a empresa brasileira.

Note-se que, na situação anterior, a transferência ocorreu para uma sucursal da mesma empresa situada em outro país. Aqui, a expatriação ocorre para outra firma do mesmo grupo.

> VI. Aquele que presta serviço no Brasil a missão diplomática ou a repartição consular de carreira estrangeira ou a órgãos a elas subordinados ou a membros dessa missão ou repartição, excluído o não-brasileiro sem residência permanente no Brasil e o brasileiro amparado pela legislação previdenciária do país da respectiva missão diplomática ou da repartição consular.

Os funcionários contratados para trabalhar nos consulados e embaixadas de outros países em funcionamento no Brasil são segurados empregados, excetuando-se os estrangeiros não residentes e os brasileiros cobertos pela Previdência do país representado.

> VII. O brasileiro civil que trabalha para a União no exterior, em organismo oficial internacional do qual o Brasil seja membro efetivo, ainda que lá domiciliado e contratado, salvo se segurado na forma da legislação vigente do país do domicílio ou se amparado por regime próprio de previdência social.

Observe-se que, nessa situação, estão abrangidos **apenas brasileiros**, ao contrário das expatriações efetuadas pelas empresas privadas, nas quais, mesmo os estrangeiros residentes no Brasil, continuam vinculados ao RGPS. Aqui, caso a União contrate um trabalhador brasileiro para representá-la no exterior, em um organismo oficial internacional do qual o Brasil seja membro efetivo, como a Organização das Nações Unidas (ONU), independentemente de a contratação ter ocorrido no Brasil ou no país onde se situa o órgão, esse trabalhador será vinculado ao RGPS, na qualidade de empregado.

Ressalte-se que tal trabalhador deve ser contratado para representar **os interesses da União** no organismo oficial internacional (ONU, por exemplo). Caso o brasileiro seja contratado pelo próprio organismo, sem que seja representante oficial do governo brasileiro, será vinculado ao RGPS, na condição de contribuinte individual, como será visto ainda neste capítulo.

> VIII. O servidor civil titular de cargo efetivo ou o militar da União, dos Estados, do Distrito Federal ou dos Municípios, incluídas suas autarquias e fundações de direito público, desde que, nessa qualidade, não esteja amparado por regime próprio de previdência social.

Como comentado no primeiro capítulo, a União, todos os Estados membros e o Distrito Federal possuem regimes próprios de previdência social. Muitos Municípios do país, entretanto, não instituíram seus regimes próprios, sendo os servidores de cargo efetivo vinculados ao RGPS.

> IX. O servidor da União, Estado, Distrito Federal ou Município, incluídas suas autarquias e fundações, ocupante, exclusivamente, de cargo em comissão declarado em lei de livre nomeação e exoneração.

Os servidores ocupantes de cargo em comissão de livre nomeação ou exoneração, como assessor parlamentar, ministro de Estado, secretário estadual ou municipal, são considerados empregados para o Direito Previdenciário, valendo-se de todos os direitos e obrigações pertinentes a essa categoria.

Caso o ocupante de cargo de ministro de Estado, de secretário estadual, distrital ou municipal esteja amparado por regime próprio de previdência social em razão do exercício de cargo efetivo do qual se tenha afastado para assumir essa função, continuará vinculado ao regime próprio de origem, não sendo enquadrado como empregado do RGPS.

> X. O servidor contratado pela União, Estado, Distrito Federal ou Município, bem como pelas respectivas autarquias e fundações, por tempo determinado, para atender a necessidade temporária de excepcional interesse público, nos termos do inciso IX do artigo 37 da Constituição Federal.

Os trabalhadores por tempo determinado dos entes federativos (Regime Especial de Direito Administrativo – REDA) são considerados empregados, já que não podem ser vinculados aos respectivos regimes próprios por eles instituídos.

> XI. O servidor da União, Estado, Distrito Federal ou Município, incluídas suas autarquias e fundações, ocupante de emprego público.

Os servidores contratados pelos entes federativos ocupantes de empregos públicos são considerados empregados.

XII. O exercente de mandato eletivo federal, estadual, distrital ou municipal, nos termos da Lei 9.506, de 30 de outubro de 1997, desde que não amparado por regime próprio de previdência social.

Os escolhidos em processo eleitoral, sejam vereadores, prefeitos, deputados, governadores, etc., são considerados empregados se não estiverem amparados por regime próprio.

No passado recente, existia o Instituto de Previdência do Congressista (IPC), o qual fornecia vantagens irracionais para deputados federais e senadores, possibilitando-lhes aposentar-se com apenas oito anos de mandato, com as regras do regime próprio. Essas aposentadorias privilegiadas ainda são residualmente concedidas aos parlamentares que estavam exercendo seus mandatos na época da extinção do IPC, por causa da regra de transição criada na ocasião.

Atualmente, os parlamentares que não estiverem abrangidos por regime próprio são considerados empregados. Os servidores de cargo efetivo cobertos por regime próprio, quando eleitos, continuam vinculados ao respectivo regime. Na hipótese de servidor público vinculado ao regime próprio de previdência social exercer, concomitantemente, mandato eletivo no cargo de vereador, será obrigatoriamente filiado ao RGPS, em razão do cargo eletivo. Nesse caso, como exerce as duas atividades, será filiado aos dois regimes.

XIII. O diretor empregado de empresa urbana ou rural, que, participando ou não do risco econômico do empreendimento, seja contratado ou promovido para cargo de direção de sociedade anônima, mantendo as características inerentes à relação de emprego.

Os diretores contratados ou empregados promovidos para cargo de direção de sociedade anônima, desde que mantenham a relação de emprego, são considerados empregados. Os diretores de sociedades anônimas eleitos para cargo de direção em assembléia não serão considerados empregados se tiverem seus contratos de trabalho suspensos (esse assunto será retomado no tópico “Contribuinte individual”).

XIV. O escrevente e o auxiliar contratados por titular de serviços notariais e de registro a partir de 21 de novembro de 1994, bem como aquele que optou pelo Regime Geral de Previdência Social, em conformidade com a Lei 8.935, de 18 de novembro de 1994.

Percebe-se que a legislação somente considerou empregados o escrevente e o auxiliar contratados por titular de serviços notariais. O notário, o tabelião e o oficial de registro que detêm a delegação do cartório (ou seja, titulares de serviços notariais) são considerados, como será visto, contribuintes individuais.

Empregado doméstico

Arts. 12, II, Lei 8.212/91, e 9.º, II, Decreto 3.048/99

Empregado doméstico é o trabalhador que presta serviços de natureza **contínua**, mediante remuneração, a pessoa, a família ou a entidade familiar, no âmbito residencial desta, em atividade **sem fins lucrativos**.

Além dos tradicionais empregados domésticos, que todos conhecem, como o caseiro e a cozinheira, existem outros que, apesar de não trabalharem dentro da casa do patrão, são assim considerados: o motorista particular, o marinheiro de barco de família e, mesmo, o piloto de jatinho ou de helicóptero particular.

Observe-se que o doméstico deve trabalhar na residência do contratante, em atividades sem fins lucrativos. Pode-se afirmar, dessa forma, que a cozinheira, ajudante da patroa na preparação de docinhos para festas de aniversários infantis, será considerada empregada e não empregada doméstica.

O requisito da continuidade também é indispensável à caracterização do trabalho doméstico. Registre-se que, em relação aos empregados, apenas se exige a não eventualidade, não sendo necessário que o trabalho se realize de forma ininterrupta. Assim, faxineira que labore até duas vezes por semana, segundo jurisprudência majoritária, não é considerada empregada doméstica, mas prestadora de serviços.

A mudança da classificação é muito importante, pois cada classe de segurado contribui de maneira diferenciada para a Previdência e possui critérios distintos para obtenção dos benefícios.

Contribuinte individual

Arts. 12, V, Lei 8.212/91, e 9.º, V, Decreto 3.048/99

A categoria de contribuinte individual foi criada pela Lei 9.876/99, mediante a fusão de três categorias existentes na legislação anterior: autônomos, empresários e equiparados a autônomos.

I. A pessoa física, proprietária ou não, que explora atividade agropecuária ou pesqueira, em caráter permanente ou temporário, diretamente ou por intermédio de prepostos e com auxílio de empregados, utilizados a qualquer título, ainda que de forma não contínua.

Nessa subcategoria está incluído o produtor rural pessoa física, que, como será visto, contribui de forma diferenciada para a Previdência Social. Note-se que é requisito obrigatório à caracterização desses segurados como contribuintes individuais a **contratação de empregados**. Caso o produtor rural ou o pescador artesanal não conte com o auxílio de tais empregados, deverá ser enquadrado na categoria de segurado especial.

II. A pessoa física, proprietária ou não, que explora atividade de extração mineral – garimpo –, em caráter permanente ou temporário, diretamente ou por intermédio de prepostos, com ou sem o auxílio de empregados, utilizados a qualquer título, ainda que de forma não contínua.

O garimpeiro sempre será considerado contribuinte individual, mesmo que não conte com o auxílio de empregados. Atente-se que concursos públicos freqüentemente têm tentado confundir os candidatos classificando o garimpeiro como segurado especial.

III. O ministro de confissão religiosa e o membro de instituto de vida consagrada, de congregação ou de ordem religiosa.

Ministros de confissão religiosa são os padres, pastores, rabinos e demais líderes religiosos.

IV. O brasileiro civil que trabalha no exterior para organismo oficial internacional do qual o Brasil é membro efetivo, ainda que lá domiciliado e contratado, salvo quando coberto por regime próprio de previdência social.

Note-se que essa definição é bastante semelhante a uma das categorias de empregado. A diferença existente é que, para ser considerado contribuinte individual, o **brasileiro** deve trabalhar para o próprio organismo oficial do qual o Brasil seja membro efetivo. Caso represente os interesses do governo, ou seja, tenha sido contratado pela União para representar o país no organismo internacional, será enquadrado como empregado.

V. O titular de firma individual urbana ou rural, o diretor não empregado, o membro de conselho de administração na sociedade anônima, todos os sócios nas sociedades em nome coletivo e de capital e indústria, o sócio gerente e o sócio cotista que recebam remuneração decorrente de seu trabalho e o administrador não empregado na sociedade por cotas de responsabilidade limitada, urbana ou rural.

Essa subcategoria é a dos empresários. Saliente-se que, para o sócio gerente ou o sócio cotista serem considerados contribuintes individuais, é necessário que recebam remuneração pelo trabalho, que, nesse caso, é chamada pró-labore. Não recebendo remuneração, não serão segurados obrigatórios do RGPS.

O novo Código Civil criou a figura do administrador não empregado da sociedade limitada, o qual deve ser enquadrado como contribuinte individual.

O diretor não empregado de sociedade anônima é o eleito para o cargo de direção por meio de uma assembléia geral ordinária (AGO) ou extraordinária (AGE), mesmo que seja um empregado de carreira da empresa, devendo, nessa situação, o contrato de trabalho ser suspenso enquanto perdurar o mandato.

Atente-se para o fato de que o trabalhador eleito para função de direção de empresa de economia mista não é enquadrado como segurado contribuinte individual.

VI. O associado eleito para cargo de direção em cooperativa, associação ou entidade de qualquer natureza ou finalidade, bem como o síndico ou administrador eleito para exercer atividade de direção condominial, desde que recebam remuneração.

O associado eleito para direção de uma cooperativa, associação ou entidade de qualquer natureza é classificado como contribuinte individual. Note-se que, para isso, é necessário que receba remuneração.

Saliente-se que determinadas entidades não podem remunerar seus diretores, como as beneficentes de assistência social, as sem fins lucrativos que se beneficiam de imunidade de impostos, etc.

O síndico de condomínio que recebe remuneração também se enquadra nessa categoria. O §5º, do artigo 69, da Instrução Normativa 03/05 considera remuneração a isenção do pagamento da taxa condominial.

VII. Quem presta serviço de natureza urbana ou rural, em caráter eventual, a uma ou mais empresas, sem relação de emprego.

São os autônomos que prestam serviços a pessoas jurídicas. A principal característica dessa prestação de serviços é a eventualidade. Um pintor ou pedreiro que executem serviços eventuais de manutenção das instalações das empresas são exemplos dessa subcategoria.

VIII. A pessoa física que exerce, por conta própria, atividade econômica de natureza urbana, com fins lucrativos ou não.

Aqui estão representados os autônomos que prestam serviços por conta própria a pessoas físicas ou jurídicas, como os psicanalistas, dentistas com consultório particular, taxistas, vendedores de picolés, camelôs, etc.

IX. O aposentado de qualquer regime previdenciário nomeado magistrado classista temporário da Justiça do Trabalho ou nomeado magistrado da Justiça Eleitoral.

A Emenda Constitucional 24, de 9 de dezembro de 1999, extinguiu a categoria de magistrado classista temporário da Justiça do Trabalho, assegurando, entretanto, o cumprimento dos mandatos em exercício.

Saliente-se que, atualmente, como todos os mandatos de classistas já se expiraram, não mais existe a representação vogal na Justiça do Trabalho.

X. O cooperado de cooperativa de produção ou de trabalho que, nessa condição, presta serviço à sociedade cooperativa mediante remuneração ajustada ao trabalho executado.

Cooperativa de produção é a sociedade que detém os meios de produção, e seus associados contribuem com serviços laborativos ou profissionais para a produção em comum de bens ou serviços. Os pequenos produtores de leite que se reúnem para produzir e vender seus produtos a grandes indústrias de laticínios podem constituir-se sob a forma de cooperativa de produção.

Cooperativa de trabalho, também denominada cooperativa de mão-de-obra, é a sociedade formada por operários, artífices, pessoas da mesma profissão ou ofício ou de vários ofícios de uma mesma classe que, na qualidade de associados, prestam serviços a terceiros, por seu intermédio.

XI. O segurado recolhido à prisão sob regime fechado ou semi-aberto que, nessa condição, preste serviço, dentro ou fora da unidade penal, a uma ou mais empresas, com ou sem intermediação da organização carcerária ou entidade afim, ou que exerce atividade artesanal por conta própria.

O preso que exerce atividade remunerada é, portanto, vinculado ao RGPS, na qualidade de contribuinte individual, independentemente de ser o trabalho exercido na prisão ou fora dela ou de ser o regime fechado ou semi-aberto.

XII. O médico-residente contratado na forma da Lei 6.932/81, alterada pela Lei 8.138/90.

O enquadramento do médico-residente como contribuinte individual tem sido objeto de questionamento em diversas provas de concurso público.

XIII. O árbitro de jogos desportivos e seus auxiliares, desde que atuem em conformidade com a Lei 9.615, de 24 de março de 1998.

Os árbitros de jogos e seus auxiliares (bandeirinhas, juiz reserva, etc.) são contribuintes individuais.

XIV. O condutor autônomo de veículo rodoviário, assim considerado o que exerce atividade profissional sem vínculo empregatício, quando proprietário, co-proprietário ou promitente comprador de um só veículo.

O condutor autônomo é o profissional que realiza fretes e carretos com veículo particular, cobrando por esse serviço sua remuneração. Obviamente, a maior parte do valor recebido pela prestação do serviço é destinada à manutenção do veículo e apenas uma pequena parte é considerada remuneração do trabalhador, como será visto em capítulo posterior.

XV. O notário ou tabelião e o oficial de registros ou registrador, titular de cartório, que detêm a delegação do exercício da atividade notarial e de registro, não remunerados pelos cofres públicos, admitidos a partir de 21 de novembro de 1994.

Ressalte-se que a legislação considerou empregados o escrevente e o auxiliar contratados pelo titular de serviços notariais. Fazendo a comparação com uma empresa, para facilitar a memorização, é como se o notário, o tabelião e o oficial de registro (titulares) fossem os sócios e o escrevente e o auxiliar por eles contratados, os empregados.

Trabalhador avulso

Arts. 12, VI, Lei 8.212/91, e 9.º, VI, Decreto 3.048/99

Trabalhador avulso é aquele que, **sindicalizado ou não**, presta serviços de natureza urbana ou rural, sem vínculo empregatício, a diversas empresas, com a **intermediação obrigatória do sindicato** da categoria **ou**, quando se tratar de atividade portuária, **do órgão gestor de mão-de-obra** (OGMO).

São exemplos de trabalhadores avulsos portuários aqueles que exercem atividade portuária de capatazia, estiva, conferência e conserto de carga, vigilância de embarcação e de serviços de bloco, na área dos portos organizados e de instalações portuárias de uso privativo.

Entre os avulsos não portuários estão o trabalhador de carga e descarga (estiva) de mercadorias de qualquer natureza, inclusive carvão e minério, o ensacador de café, cacau, sal e similares, o trabalhador na indústria de extração de sal, etc.

Saliente-se que Constituição de 1988 equiparou os avulsos aos empregados, conferindo-lhes todos os direitos trabalhistas.

Segurado especial

Arts. 195, § 8.º, CF, 12, VII, Lei 8.212/91, e 9.º, VI, Decreto 3.048/99

Segurado especial é o produtor, o parceiro, o meeiro e o arrendatário rurais, o pescador artesanal e o assemelhado, que exerçam suas atividades individualmente ou em regime de economia familiar, ainda que com o auxílio eventual de terceiros, bem como seus respectivos cônjuges ou companheiros e filhos maiores de 16 anos ou a eles equiparados, desde que trabalhem, comprovadamente, com o grupo familiar respectivo.

Entende-se como regime de economia familiar a atividade em que o trabalho dos membros da família é indispensável à própria subsistência e é exercido em condições de mútua dependência e colaboração, sem utilização de empregado, e como auxílio eventual de terceiros "o que é exercido, ocasionalmente, **em condições de mútua colaboração**, não existindo subordinação nem remuneração" (art. 9.º, § 6.º, Decreto 3.048/99).

O segurado especial contribui para a Previdência com base em um percentual do resultado da comercialização da produção rural, tendo, no entanto, direito a benefícios limitados ao salário mínimo.

Será excluído da condição de segurado especial o membro de grupo familiar que possua outra fonte de rendimento. Pode este, todavia, perceber os seguintes rendimentos, sem perder a condição de especial:

a) pensão por morte deixada pelo segurado especial e os benefícios de auxílio-acidente e auxílio-reclusão cujo valor seja inferior ou igual ao salário mínimo;

b) os recebidos pelo dirigente sindical que mantém o mesmo enquadramento perante o RGPS de antes da investidura no cargo.

Segurado facultativo

Arts. 14, Lei 8.212/91, e 11, Decreto 3.048/99

Para ser caracterizado como facultativo, o segurado deve não exercer qualquer atividade remunerada que o vincule obrigatoriamente ao sistema previdenciário e, ainda, possuir idade superior a 16 anos.

É vedada a filiação ao Regime Geral de Previdência Social, na qualidade de segurado facultativo, de pessoa participante de regime próprio de previdência social, salvo na hipótese de afastamento sem vencimento e desde que não permitida, nessa condição, contribuição ao respectivo regime próprio.

A filiação como segurado facultativo gera efeito somente a partir da inscrição e do primeiro recolhimento, não podendo retroagir e não permitindo o pagamento de contribuições relativas a competências anteriores à data da inscrição.

Após a inscrição, o segurado facultativo somente poderá recolher contribuições em atraso quando não tiver ocorrido perda da qualidade de segurado, como será visto em capítulo próprio.

São exemplos de segurados que podem filiar-se facultativamente a dona de casa, o síndico de condomínio, quando não remunerado, o estudante, o brasileiro que acompanha cônjuge que presta serviço no exterior, aquele que deixou de ser segurado obrigatório da Previdência Social e o bolsista.

Filiação *versus* inscrição

Arts. 14, Lei 8.212/91, e 11, §§ 2.º a 4.º, 18 a 20, Decreto 3.048/99

A inscrição é o ato formal que identifica o segurado na Previdência Social, representando o mero cadastro no INSS. Já a filiação ao regime previdenciário é o marco da relação jurídica entre os segurados e a Previdência Social.

Para os efeitos da Previdência Social, considera-se inscrição do segurado o ato pelo qual este é cadastrado no Regime Geral de Previdência Social, mediante comprovação dos dados pessoais e de outros elementos necessários e úteis a sua caracterização.

A inscrição do segurado empregado e do trabalhador avulso será efetuada diretamente pela empresa, sindicato ou órgão gestor de mão-de-obra no próprio documento declaratório enviado mensalmente à Previdência (Guia de Recolhimento do FGTS e Informações à Previdência Social – GFIP). A dos demais segurados deve ser feita por estes no INSS, por meio de suas agências, pela Internet ou pelo atendimento telefônico da Previdência Social.

Para os **segurados obrigatórios**, a filiação dá-se com o **exercício de atividade remunerada**, independentemente de inscrição. Isso permite que qualquer segurado obrigatório efetue recolhimentos em atraso de períodos anteriores à inscrição, desde que comprove ter exercido atividade remunerada.

Para os **segurados facultativos**, entretanto, a filiação é **ato volitivo** e somente se concretiza após a inscrição e o recolhimento da primeira contribuição, não podendo as contribuições retroagir a períodos anteriores a sua inscrição.

Saliente-se que o segurado filiado a regime próprio que exerce, ao mesmo tempo, atividade remunerada abrangida pelo RGPS, será filiado obrigatoriamente aos dois regimes. O aposentado que retorna ao trabalho também é filiado obrigatório do RGPS.

A idade mínima para inscrição é de 16 anos, salvo para o aprendiz, que pode exercer atividade laborativa desde os 14 e efetuar inscrição como empregado.

A inscrição do dependente é efetuada no momento do requerimento do benefício a que tiver direito. Comumente, os segurados, por não possuírem essa informação, dirigem-se a agências do INSS para proceder à inscrição de seus dependentes. Como será visto, os dependentes previdenciários são elencados pela legislação, não cabendo a livre escolha do segurado.

A inscrição do segurado é representada pela atribuição de um Número de Identificação do Trabalhador (NIT) perante a Previdência Social. O NIT utilizado pode ser o número de inscrição no próprio INSS, no Programa de Integração Social (PIS), no Programa de Formação do Patrimônio do Servidor Público (Pasep) ou no Sistema Único de Saúde (SUS). Os empregados, em regra, utilizam, para sua inscrição, o número do PIS, enquanto os contribuintes individuais costumam adotar o NIT do INSS.

Em Resumo

Segurados do RGPS

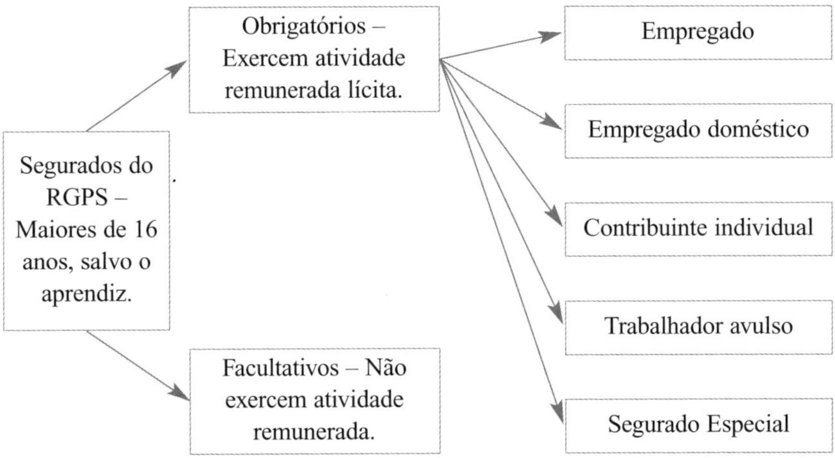

Preste Atenção

Provas de concursos públicos freqüentemente têm tentado confundir os candidatos inserindo o garimpeiro na definição de segurado especial. Sabe-se, no entanto, que esse trabalhador pertence à categoria dos contribuintes individuais. Veja o texto que costuma aparecer nos exames seletivos:

"Segurado especial é o produtor, o parceiro, o meeiro e o arrendatário rurais, o **garimpeiro**, o pescador artesanal e o assemelhado, que exerçam suas atividades individualmente ou em regime de economia familiar, ainda que com o auxílio eventual de terceiros, bem como seus respectivos cônjuges ou companheiros e filhos maiores de 16 anos ou a eles equiparados, desde que trabalhem, comprovadamente, com o grupo familiar respectivo".

5

Tomadores de Serviço

Tomadores de serviço são as empresas e entidades a ela equiparadas e os empregadores domésticos, contratantes cuja definição é apresentada neste capítulo.

Empresa e equiparadas

Arts. 15, I, Lei 8.212/91, e 12, I, Decreto 3.048/99

Empresa é a firma individual ou sociedade que assume o risco de atividade econômica urbana ou rural, com fins lucrativos ou não, bem como os órgãos e entidades da administração pública direta, indireta e fundacional.

Note-se que mesmo um órgão público é considerado empresa para a legislação previdenciária. Uma prefeitura possui, assim, todas as obrigações pertinentes a qualquer empresa, devendo efetuar declarações para o fisco previdenciário e recolher contribuições quando da contratação de segurados vinculados ao RGPS.

Equiparam-se à empresa, para fins previdenciários:

I. O contribuinte individual, em relação a segurado que lhe presta serviço – O dentista, proprietário de consultório particular, que contrata uma secretária para auxiliá-lo no desempenho de seu trabalho equipara-se à empresa, devendo cumprir todas as obrigações relativas ao vínculo jurídico firmado com a Previdência Social. Deve, portanto, elaborar folha de pagamento e documento de declaração (GFIP), recolher contribuições como contratante e em benefício de sua secretária, etc. Note-se que fica ainda mantida a obrigação desse dentista de recolher suas contribuições como segurado contribuinte individual.

II. A cooperativa, a associação ou a entidade de qualquer natureza ou finalidade, inclusive a missão diplomática e a repartição consular de carreiras estrangeiras – Aqui se encontram abrangidas as igrejas de qualquer culto, blocos de carnaval, entidades filantrópicas, embaixadas de outros países, etc.

III. O operador portuário e o órgão gestor de mão-de-obra – Se até os órgãos públicos são considerados empresas, não há motivo para a exclusão dessas entidades.

IV O proprietário ou dono de obra de construção civil, quando pessoa física, em relação a segurado que lhe presta serviço – A pessoa física que, diretamente, contrata segurado para edificar sua obra de construção civil equipara-se à empresa. Obviamente, se a pessoa física contratar uma empresa construtora para realizar o empreendimento desejado, não há qualquer equiparação do contratante.

Em síntese: para a legislação previdenciária, toda pessoa jurídica, seja ela de direito público ou privado, é considerada empresa. Adicionalmente, existem dois casos em que pessoas físicas podem equiparar-se à empresa: o contribuinte individual em relação aos segurados por ele contratados e o proprietário de obra de construção civil.

Empregador doméstico

Arts. 15, II, Lei 8.212/91, e 12, II, Decreto 3.048/99

Empregador doméstico é a pessoa ou a família que admite, a seu serviço, mediante remuneração, empregado doméstico para auxiliar no desempenho das atividades residenciais, **sem finalidade lucrativa**.

O empregador doméstico é o contratante do serviço da categoria de segurado empregado doméstico, vista no capítulo anterior. Deve, então, contribuir como contratante de serviço. Não possui, todavia, todas as obrigações fiscais de uma empresa, não sendo obrigado a elaborar folha de pagamento e declaração à Previdência Social (GFIP), exceto o GFIP quando optar pelo recolhimento do Fundo de Garantia do Tempo de Serviço (FGTS) de seu empregado.

Matrícula da empresa e equiparadas

Arts. 49 e 50, Lei 8.212/91, e 256, Decreto 3.048/99

A matrícula da empresa, assim como a inscrição do segurado, é um cadastramento para fins de controle de arrecadação. Será feita:

a) simultaneamente com a inscrição no Cadastro Nacional da Pessoa Jurídica (CNPJ);

b) perante o INSS, no prazo de 30 dias contados do início de suas atividades, quando não sujeita à inscrição no CNPJ.

Em caso de omissão, o INSS/SRFB efetuará a matrícula de ofício.

As obras de construção civil, sejam elas executadas por pessoas físicas ou jurídicas, devem ser inscritas no INSS/SRFB, no prazo de 30 dias, a partir do início dos trabalhos, já que não possuem inscrição específica no CNPJ. O mesmo prazo deve ser atendido pelos contribuintes individuais que contratem segurados. O INSS/SRFB atribuir-lhes-á, então, um número de controle chamado Cadastro Específico do INSS (CEI).

Para as empresas sujeitas à inscrição no CNPJ, a Receita Federal fica incumbida de repassar as informações cadastrais à Previdência, automaticamente.

Somente o empregador doméstico que optar pelo pagamento do FGTS de seu empregado deverá providenciar sua matrícula no CEI. Caso não seja optante do FGTS, recolherá suas contribuições como tomador de serviço, valendo-se do Número de Identificação do Trabalhador (NIT) de seu empregado.

Em Resumo

Tomadores de Serviço

Tomadores de serviço

- Empresa – Firma individual ou sociedade que assume o risco de atividade econômica urbana ou rural, com fins lucrativos ou não, bem como os órgãos e entidades da administração pública direta, indireta e fundacional.
- Equiparada à empresa – Contribuinte individual em relação a segurado que lhe presta serviço, cooperativa ou associação, construtor civil pessoa física, operador portuário e órgão gestor de mão-de-obra.
- Empregador doméstico – Pessoa ou a família que admite, a seu serviço, mediante remuneração, empregado doméstico para auxiliar no desempenho das atividades residenciais, sem finalidade lucrativa.

Preste Atenção

O empregador doméstico não é segurado obrigatório do RGPS. Participa do sistema apenas como contribuinte por contratar serviço de trabalhador filiado ao sistema. Pode, no entanto, ser filiado ao RGPS em razão da sua atividade profissional ou, no caso de não exercê-la, na qualidade de facultativo, desde que assim deseje.

6

SALÁRIO-DE-CONTRIBUIÇÃO

As contribuições dos trabalhadores e dos tomadores de serviço para o Regime Geral da Previdência Social incidem sobre uma base denominada salário-de-contribuição. Essa mesma base é utilizada, também, no cálculo do valor da maioria dos benefícios.

Para um completo entendimento do conceito de salário-de-contribuição, é necessário, primeiro, entender o que é remuneração, pois, na própria definição legal desse instituto previdenciário, usa-se o referencial trabalhista.

Dentre as inúmeras correntes doutrinárias acerca dos conceitos de salário e remuneração, adota-se aqui aquela que, acredita-se, atende ao objetivo desta obra.

Remuneração pode ser definida como todo ganho decorrente do trabalho, englobando salário, gorjetas e complementos salariais. O salário é a parte paga diretamente pelo patrão ao trabalhador como forma de retribuição por seu serviço. A gorjeta é a parte variável paga por terceiros a quem se destinou o serviço. Já os complementos salariais são as vantagens obtidas pelos trabalhadores em decorrência de suas reivindicações atendidas por lei ou por norma coletiva, como férias, 13.º salário, adicionais, etc.

As parcelas indenizatórias são excluídas da remuneração, por não serem pagas como fruto do trabalho. Trata-se de espécies de compensação por ações que tenham gerado algum prejuízo para o trabalhador.

Da mesma forma, os valores ressarcitórios não fazem parte da remuneração. São reembolsos de pagamentos que o funcionário antecipou para executar alguma atividade de interesse do patrão.

Conceito de salário-de-contribuição

Arts. 28, Lei 8.212/91, e 214, Decreto 3.048/99

O conceito de salário-de-contribuição é muito mais abrangente que o de remuneração, possuindo particularidades próprias à legislação previdenciária. Para entendê-lo, deve-se, pois, partir do conceito de remuneração.

Definido no artigo 28 da Lei 8.212/91, o salário-de-contribuição constitui, em verdade, a base de cálculo das contribuições previdenciárias, variando de acordo com as categorias de trabalhadores.

I. **Para empregado e trabalhador avulso** – A remuneração recebida **em uma ou mais empresas**, assim entendida a totalidade dos rendimentos pagos, devidos ou creditados a qualquer título, durante o mês, destinados a retribuir o trabalho, qualquer que seja sua forma, inclusive as gorjetas, os ganhos habituais sob a forma de utilidade e os adiantamentos decorrentes de reajustes salariais, quer pelos serviços efetivamente prestados, quer pelo tempo à disposição do empregador ou tomador de serviço, nos termos da lei ou do contrato ou, ainda, de convenção ou acordo coletivo de trabalho ou sentença normativa. Se tiver mais de um emprego, o empregado receberá mais de uma remuneração mensal, mas contará apenas com um salário-de-contribuição, que corresponderá à soma das remunerações percebidas em todas as empresas, contribuindo para a Previdência Social sobre essa base unificada.

II. **Para o empregado doméstico** – A remuneração registrada na Carteira de Trabalho e Previdência Social (CTPS).

III. **Para o contribuinte individual** – A remuneração recebida, durante o mês, pelo exercício de atividade por conta própria, prestada a pessoas físicas ou a empresas.

IV. **Para o segurado facultativo** – O valor por ele declarado.

A única categoria de segurado que não utiliza o conceito de salário-de-contribuição é a do segurado especial, pois este contribui de maneira diferenciada para o RGPS, usando como base a comercialização da produção rural. Os demais segurados levam em conta o salário-de-contribuição para calcular seus recolhimentos e benefícios.

Limites para o salário-de-contribuição

Arts. 28, §§ 3.º e 5.º, Lei 8.212/91, e 214, §§ 3.º e 5.º, Decreto 3.048/99

Diferentemente da remuneração, o salário-de-contribuição tem limites máximo e mínimo para a incidência das contribuições mensais dos trabalhadores. Somente os segurados e um tipo de tomador de serviço, o empregador doméstico, usam o limite máximo para calcular seus recolhimentos mensais para a Previdência. As empresas e entidades a ela equiparadas não sofrem qualquer limitação para o cálculo da base de contribuição, utilizando, então, o salário-de-contribuição integral.

O **limite mínimo** corresponde ao piso salarial, legal ou normativo, da categoria ou, inexistindo este, ao salário mínimo, tomado em seu valor mensal, diário ou horário, conforme o ajustado e o tempo de trabalho efetivo durante o mês.

O teto do salário-de-contribuição é atualizado, em regra, anualmente, embora o Ministério da Previdência Social possa revisá-lo quando julgar conveniente. A última atualização passou a vigorar em 1.º de abril de 2007, com a Portaria 142/07, que fixou o valor máximo em R$ 2.894,28. Caso os segurados recebam valores superiores, deverão contribuir com uma alíquota incidente sobre o referido teto, nada incidindo sobre o excedente. O mesmo ocorre para o empregador doméstico.

Já as empresas devem contribuir aplicando a alíquota à totalidade dos rendimentos pagos, devidos ou creditados aos trabalhadores que lhes prestem serviço. O cálculo dessas contribuições será tratado no próximo capítulo.

Parcelas integrantes e não integrantes do salário-de-contribuição

Arts. 28, §§ 2.º, 7.º a 9.º, Lei 8.212/91, e 214, §§ 2.º, 6.º a 9.º, Decreto 3.048/99

Este tópico aborda algumas parcelas que integram o salário-de-contribuição e outras que são expressamente excluídas de tal conceito, apontando as condições legais que devem ser atendidas para permitir a não incidência. Veja, na seção "Em Resumo", o quadro completo de tais parcelas.

Férias, férias indenizadas na rescisão, adicional de 1/3 de férias e abono de férias

A remuneração das férias dos empregados, incluindo o adicional de 1/3, é considerada salário-de-contribuição, desde que as férias sejam gozadas pelos empregados. A incidência da contribuição ocorrerá no mês a que elas se referirem, mesmo quando pagas antecipadamente, na forma da legislação trabalhista.

Já as férias não gozadas pelo funcionário, incluindo o respectivo adicional de 1/3, pagas na rescisão do contrato de trabalho, não devem compor o salário-de-contribuição. Isso porque têm caráter de indenização, ou seja, o empregado é compensado por ter trabalhado durante certo período sem ter usufruído das férias pertinentes.

A legislação trabalhista, no artigo 143 da CLT, permite, também, a conversão de 1/3 do período de férias a que o trabalhador tem direito em abono pecuniário. Tal procedimento é chamado popularmente de "venda" de 10 dias das férias. O empregador, nesse caso, deve indenizar o empregado com o valor equivalente a 10 dias de trabalho, adicionado de 1/3. Como é uma parcela tipicamente indenizatória, sobre ela não pode incidir contribuição previdenciária.

O artigo 144 da CLT previu a possibilidade de o empregador conceder aos trabalhadores, no ato das férias, um abono correspondente a, no máximo, 20 dias de salário, sem que tal parcela integre a remuneração. A legislação previdenciária adotou a não incidência tributária dessa liberalidade do empregador.

Décimo terceiro salário

Diferentemente do que ocorre com as férias, sobre o 13.º salário proporcional, pago na rescisão do contrato de trabalho, incide contribuição previdenciária.

Benefícios da Previdência Social

Em regra, os benefícios da Previdência Social não são considerados salário-de-contribuição, exceto o **salário-maternidade**, que é o **único sobre o qual há incidência de contribuição previdenciária**.

Mesmo após a aprovação da Emenda Constitucional 41/03 (Reforma da Previdência), as aposentadorias e pensões do Regime Geral de Previdência Social continuaram imunes à contribuição previdenciária. A reforma somente acrescentou a possibilidade de tributação desses benefícios **concedidos pelos Regimes Próprios de Previdência Social**.

Despesas de viagem

As diárias, a princípio, referem-se a pagamentos ressarcitórios. Para evitar, entretanto, que sejam estas utilizadas indevidamente, com escopo dissimulatório, farão parte do salário-de-contribuição caso ultrapassem 50% do valor da remuneração mensal. Saliente-se que os gastos de viagem comprovadamente realizados não estão sujeitos a qualquer limite para efeito de identificação como parcela ressarcitória.

Comissões, porcentagens e gratificações

As comissões e porcentagens sobre as vendas fazem parte da remuneração; logo, integram o salário-de-contribuição. As gratificações também são parcelas tipicamente remuneratórias.

Adicionais de periculosidade, de insalubridade, de trabalho noturno e de tempo de serviço

Sobre esses adicionais há incidência de contribuição previdenciária, por serem valores pagos em decorrência do trabalho.

Alimentação do trabalhador

Se a empresa seguir as regras do Programa de Alimentação do Trabalhador (PAT – Lei 6.321/76, regulada pela Portaria Interministerial 3, de 1.º de março de 2002, do MTE), a alimentação fornecida não integra o salário-de-contribuição.

Existe, porém, uma modalidade de alimentação permitida pela legislação previdenciária, independentemente das regras do PAT, sem que haja incidência de contribuição previdenciária: a alimentação concedida por empresas em canteiros de obra ou localidades distantes que exijam deslocamento e estada do empregado. (art. 28, § 9.º, "m", Lei 8.212/91).

De acordo com a legislação previdenciária e a lei do PAT, a alimentação deve ser fornecida como parcela *in natura*. Qualquer substituição por pagamento de um adicional compensatório em dinheiro acarretará perda da isenção previdenciária, sendo este agregado ao salário-de-contribuição.

Transporte do trabalhador

O transporte deve ser pago obedecendo-se às exigências da Lei 7.418/85 ("Lei do Vale-transporte"), a qual dispõe que o empregador participará do custeio do vale-transporte com a parcela que exceder a 6% do salário do empregado.

Os vales-transporte, quando substituídos por dinheiro, integram a base de contribuição. A legislação apenas isenta aqueles realmente entregues ao trabalhador.

Observe-se, contudo, que, assim como a alimentação, o transporte concedido pela empresa em canteiros de obra ou localidades distantes que exijam deslocamento e estada do empregado não é considerado remuneração (art. 28, § 9.º, "m", Lei 8.212/91).

Plano de saúde médico-odontológico e reembolso de medicamentos

O valor relativo à assistência prestada por serviço médico ou odontológico, próprio da empresa ou com ela conveniado, inclusive o reembolso de despesas com medicamentos, óculos, aparelhos ortopédicos, despesas médico-hospitalares e outras similares, **desde que abranja a totalidade dos empregados e dirigentes da empresa**, não integra o salário-de-contribuição.

Reembolso-creche

O reembolso-creche disponibilizado para os empregados que tenham filhos com idade inferior a 7 anos, **mediante comprovação do gasto** efetuado, não integra o salário-de-contribuição.

A comprovação do gasto com creche é fundamental para caracterizar o reembolso. Logo, as empresas devem manter arquivada a documentação comprobatória.

Reembolso-babá

As empresas podem dar a seus empregados que tiverem filhos com idade inferior a 7 anos a possibilidade de reembolsar os gastos com a contratação de babá.

Esse benefício, quando disponibilizado pela empresa, não é considerado salário-de-contribuição, desde que o reembolso oferecido seja **limitado ao salário mínimo** e condicionado à comprovação tanto do registro na Carteira de Trabalho e Previdência Social da babá contratada quanto do pagamento da remuneração e do respectivo recolhimento da contribuição previdenciária.

Seguro de vida em grupo

O valor efetivamente pago pela pessoa jurídica relativo a prêmio de seguro de vida em grupo, desde que previsto em acordo ou convenção coletiva de trabalho e disponível à totalidade de seus empregados e dirigentes, não integra o salário-de-contribuição.

Plano de previdência complementar

Não integra o salário-de-contribuição o valor das contribuições efetivamente pagas pelas pessoas jurídicas relativas a plano de previdência complementar privada, aberta ou fechada, desde que disponível à totalidade de seus empregados e dirigentes.

Participação nos lucros ou resultados

A participação dos empregados nos lucros ou resultados da empresa, quando paga em conformidade com a Lei 10.101/00, não é considerada salário-de-contribuição.

A participação nos lucros ou resultados (PLR) deve ser objeto de negociação entre a empresa e seus empregados e não pode ser paga em periodicidade inferior a um semestre civil **ou** mais de duas vezes no mesmo ano (art. 3, § 2.º, Lei 10.101/2001).

Aviso prévio, Programa de Demissão Voluntária e demais parcelas rescisórias

O aviso prévio terá incidência previdenciária se o empregado o tiver cumprido, integralmente, trabalhando. Caso o empregador o dispense antes desse prazo, não será devida a contribuição, pois se tratará de indenização.

Já os pagamentos relativos ao Programa de Demissão Voluntária (PDV) não são considerados salário-de-contribuição.

Todas as demais verbas indenizatórias pagas na rescisão do contrato de trabalho não integram o salário-de-contribuição, como o pagamento de 40% sobre o FGTS nas demissões sem justa causa. Atente-se para o fato de que o pagamento indenizatório efetuado pelo empregador a seu empregado é de apenas 40%, sendo devido ao governo, adicionalmente, 10% a título de contribuição social.

Ajuda de custo

A ajuda de custo, em parcela única, recebida exclusivamente em decorrência de mudança de local de trabalho do empregado não integrará a base de tributação. Se o montante, porém, for dividido em dois ou mais meses ou se essa vantagem for utilizada para outra finalidade que não a mudança de local de trabalho, ela fará parte do salário-de-contribuição.

Complemento de auxílio-doença

As empresas são autorizadas pela legislação previdenciária a instituir o benefício de complementação de auxílio-doença sem que esta parcela integre a base contributiva, bastando, para isso, que seja extensiva à totalidade de seus empregados. A complementação consiste no pagamento pela empresa da diferença entre o valor do auxílio-doença pago pelo INSS e o valor da **remuneração do trabalhador.**

Plano de educação

O valor relativo ao plano educacional que vise à educação básica e a cursos de capacitação e qualificação profissional vinculados às atividades desenvolvidas pela empresa não integra o salário-de-contribuição, desde que não seja utilizado em substituição de parcela salarial e que a ele todos os empregados e dirigentes tenham acesso.

Em Resumo

Salário-de-Contribuição

Parcela Paga de Acordo com a Legislação	Salário-de-Contribuição?	
	Sim	Não
Salário	X	
Férias gozadas	X	
Férias indenizadas		X
Adicional de 1/3 sobre as férias gozadas	X	
Adicional de 1/3 sobre as férias indenizadas		X
Abono de 20 dias pago no gozo das férias		X
"Venda" de 10 dias de férias		X
13.º salário	X	
13.º salário proporcional pago na rescisão	X	
Aposentadoria		X
Salário-maternidade	X	
Auxílio-doença, auxílio-acidente, salário-família		X
Periculosidade e insalubridade	X	
Horas extras	X	
Adicional noturno	X	
Diárias de até 50% da remuneração		X
Diárias superiores a 50% da remuneração	X	
Auxílio-creche ou auxílio-babá		X
Aviso prévio gozado	X	
Aviso prévio indenizado		X
Participação nos lucros ou resultados		X
Distribuição de lucros e dividendos		X
Pró-labore dos sócios	X	
Previdência privada complementar		X
Vale-transporte		X
Vale-alimentação ou cesta básica		X

(Continua)

(Continuação)

	Sim	Não
Pagamento de 40% do FGTS na demissão		X
Salário	X	
Ajuda de custo paga mensalmente	X	
Ajuda de custo para mudança paga em única parcela		X
Adicional por tempo de serviço	X	
Seguro de vida em grupo		X
Plano de educação		X
Complemento de auxílio-doença		X
Plano de saúde		X
Programa de demissão voluntária		X
Comissões e porcentagens de venda	X	

Preste Atenção

Salário-maternidade é o único benefício da Previdência Social sobre o qual há incidência de contribuição previdenciária.

7

Contribuições dos Segurados

O objetivo deste capítulo é demonstrar quanto cada categoria de segurado, especificamente, contribui para o Regime Geral da Previdência Social.

Empregado, trabalhador avulso e empregado doméstico

Arts. 33, § 5.º, Lei 8.212/91, e 198 e 216, § 5.º, Decreto 3.048/99

Esses trabalhadores contribuem com um percentual sobre seus salários-de-contribuição, respeitados os limites mínimo e máximo.

As **alíquotas** de contribuição são **progressivas**, ou seja, quanto maior a remuneração, mais elevado será o percentual incidente. Assim, elas são fixadas por faixas de salário-de-contribuição, reajustadas na mesma época e com os mesmos índices que os benefícios de prestação continuada da Previdência Social. A Portaria 142, de 11 de abril de 2007, efetuou a última alteração, conforme a tabela a seguir:

Salário-de-contribuição (R$)	Alíquota para fins de recolhimento à Previdência (%)
Até 868,29	7,65
De 868,30 até 1.140,00	8,65
De 1.140,01 até 1.447,14	9,00
De 1.447,15 até 2.894,28	11,00

A incidência da alíquota é **não-cumulativa**, ou seja, incide um único percentual sobre o valor total do salário-de-contribuição. Essa forma de cálculo é bem mais simples que a cumulativa, que aplica percentuais diferenciados, gradualmente, a cada faixa de remuneração.

Cabe destacar que o percentual a ser aplicado incide somente até o teto do salário-de-contribuição, que, de acordo com a tabela de alíquotas, é de

R$ 2.894,28. Tendo o trabalhador mais de um emprego, a alíquota de contribuição aplicada deve considerar a soma de todas as remunerações recebidas, pois esse é o conceito de salário-de-contribuição.

Os empregados, os trabalhadores avulsos e os empregados domésticos não pagam diretamente sua contribuição à Previdência Social.

A contribuição dos empregados é descontada da remuneração pelas empresas, que ficam responsáveis por efetuar o recolhimento à Previdência, juntamente com a contribuição da parte patronal, até o dia 10 do mês subseqüente à prestação do serviço ou, não sendo dia útil, no próximo dia em que houver expediente bancário.

O prazo de recolhimento das contribuições previdenciárias das empresas foi alterado pela Medida Provisória 351, de 22 de janeiro de 2007, passando do dia 02 para o dia 10 do mês subseqüente à prestação de serviço. Esta alteração foi resultado de atendimento ao antigo pleito da comunidade empresarial, que clamava por um prazo mais elástico para o pagamento das contribuições previdenciárias.

Os empregadores domésticos devem, também, reter a contribuição dos empregados domésticos que lhes prestem serviço e repassá-la à Previdência até o dia 15 do mês seguinte, prazo que poderá ser postergado até o próximo dia útil.

Os trabalhadores avulsos, por sua vez, têm a contribuição retida pelo órgão gestor de mão-de-obra ou pelo sindicato que intermedeia sua prestação de serviço. O prazo para recolhimento é o mesmo adotado para as empresas.

O desconto de contribuição e de consignação legalmente autorizadas sempre se presume feito oportuna e regularmente pela empresa ou empregador doméstico a isso obrigados, não lhes sendo lícito alegar omissão para se eximir do recolhimento, ficando diretamente responsáveis pela importância.

Contribuinte individual

Arts. 21, Lei 8.212/91, 199 e 216, II e XII, §§ 15, 20 a 31, Decreto 3.048/99, e 4.º e 5.º, Lei 10.666/03

Prestação de serviço a pessoa jurídica

A partir de abril de 2003, com os efeitos da Lei 10.666/03, A forma de contribuir do contribuinte individual sofreu significativa alteração. Antes, o contribuinte era sempre responsável pelo recolhimento de suas contribuições; agora, tem, em regra, a contribuição descontada de sua remuneração quando prestar serviço a empresa ou a entidades a ela equiparadas.

Assim, o contribuinte individual que presta serviço a **pessoa jurídica** tem retidos **11%** de sua remuneração, até o limite do teto do salário-de-contribuição (R$ 2.894,28). A empresa fica obrigada a efetuar o recolhimento dessa retenção, juntamente com sua contribuição mensal, até o dia 10 do mês subseqüente à prestação do serviço, prorrogando-se o prazo para o dia útil posterior se não houver expediente bancário nesse dia.

Tratando-se de **entidade beneficente** de assistência social "isenta" das contribuições sociais patronais, a alíquota de retenção a ser aplicada é de **20%**, devendo ser recolhida no dia 10 do mês subseqüente, seguindo a regra da prorrogação quando nesse dia não houver expediente bancário. A alíquota é maior em razão do fato de não haver contribuição patronal da empresa contratante.

A empresa que remunera contribuinte individual é obrigada a fornecer-lhe comprovante do pagamento do serviço prestado, consignando, além dos valores da remuneração e do desconto efetuado, o número da inscrição do segurado no INSS.

Da mesma forma que ocorre com o empregado que possui mais de um emprego, o contribuinte individual que costuma prestar serviços a diversas empresas e equiparadas deve contribuir tendo em vista o limite máximo do salário-de-contribuição.

Caso o segurado já tenha sofrido desconto de valor acima do limite máximo do salário-de-contribuição, deve informar à empresa, fornecendo-lhe o comprovante das outras retenções, para evitar que sejam efetuados novos descontos.

Se o segurado sofre desconto como empregado e, ao mesmo tempo, presta serviços a empresas como contribuinte individual, deve, igualmente, informar e comprovar tal fato a seus contratantes, evitando que o desconto extrapole o valor máximo da contribuição mensal.

Prestação de serviço a pessoa física

O contribuinte individual que presta serviços a **pessoa física** deve efetuar pessoalmente o recolhimento, aplicando alíquota de **20%**, até o dia 15 do mês subseqüente, prorrogando-se o prazo para o próximo dia útil se não houver expediente bancário nesse dia. É claro que o segurado tem de considerar os valores já retidos, caso tenha prestado serviço a pessoa jurídica, no mesmo mês, recolhendo apenas a diferença entre o salário-de-contribuição já descontado e o valor máximo.

Exemplo: a advogada Marta prestou serviço ao Laboratório Oliveira, cobrando R$ 2.000,00. No mesmo mês, prestou serviço a Joana, cobrando-lhe R$ 1.200,00. Como fica sua contribuição?
Resposta: o Laboratório Oliveira deve descontar da remuneração contratada 11% sobre R$ 2.000,00 (R$ 220,00). Adicionalmente, Marta deve pagar diretamente à Previdência a alíquota de 20% R$ 894,28 (2.894,28 – 2.000,00, já retidos), resultando R$ 178,86.

O contribuinte individual é obrigado a complementar a contribuição, aplicando alíquota de **20%**, diretamente, **até o valor mínimo** mensal do salário-de-contribuição, quando as remunerações recebidas no mês por serviços prestados a pessoas jurídicas forem inferiores a este. Caso não efetue a complementação, a contribuição do mês não será considerada pelo INSS, para qualquer efeito.

É **facultado ao segurado contribuinte individual** cujo salário-de-contribuição seja igual ao valor de **um salário mínimo** optar pelo **recolhimento trimestral** das contribuições previdenciárias, com vencimento no dia 15 do mês seguinte ao de cada trimestre civil, prorrogando-se o vencimento para o dia útil subseqüente, quando não houver expediente bancário no dia 15.

A Emenda Constitucional 47/05 alterou o parágrafo 12 do artigo 201 da CF/88, propondo a seguinte Redação: "Lei disporá sobre sistema especial de inclusão previdenciária para atender a trabalhadores de baixa renda e àqueles sem renda própria que se dediquem exclusivamente ao trabalho doméstico no âmbito de sua residência, desde que pertencentes a famílias de baixa renda, garantindo-lhes acesso a benefícios de valor igual a um salário-mínimo".

A EC 47/05 previu também que o sistema especial de inclusão previdenciária deveria ter alíquotas e carências inferiores às vigentes para os demais segurados do regime geral de previdência social.

Com a regulamentação (LC 123/06), passou a ser de 11% sobre o valor do salário mínimo a alíquota de contribuição do segurado contribuinte individual que trabalhe por conta própria, sem relação de trabalho com empresa ou equiparado, e do segurado facultativo que optarem pela exclusão do direito ao benefício de aposentadoria por tempo de contribuição.

O segurado que tenha contribuído, valendo-se desta forma especial, e que pretenda contar o tempo de contribuição correspondente para fins de obtenção da aposentadoria por tempo de contribuição ou da contagem recíproca do tempo de contribuição, deverá complementar a contribuição mensal mediante o recolhimento de mais 9%, acrescido dos juros moratórios. Esta contribuição complementar será exigida a qualquer tempo, sob pena do indeferimento ou cancelamento do benefício.

Esta forma de contribuição especial é bastante salutar para os segurados de baixa renda que desejavam ingressar no sistema previdenciário, mas não o faziam devido ao alto custo de manutenção na sistemática anterior. Um contribuinte individual ou segurado facultativo que optasse por fazer parte do RGPS teria, no modelo anterior, que contribuir, no mínimo, com R$ 76,00 mensais (20% x 380,00). Optando pelo sistema especial, é possível que mantenha o vínculo com a instituição previdenciária pagando R$ 41,80 (11% x 380,00). Com a opção, deixa de fazer jus ao benefício de aposentadoria por tempo de contribuição.

Segurado facultativo

Arts. 21, Lei 8.212/91, e 199 e 216, § 15, Decreto 3.048/99

O segurado facultativo deve sempre utilizar a alíquota de **20%** sobre o salário-de-contribuição que declarar. Ele pode escolher com quanto vai contribuir.

É claro que o valor declarado não pode ser inferior ao salário mínimo nem superior ao teto do salário-de-contribuição. O segurado facultativo é responsável pelo próprio recolhimento, que deve ocorrer até o dia 15 do mês subseqüente àquele a que este se refere, prorrogando-se o prazo para o dia útil posterior, caso não haja expediente bancário no dia 15.

Assim como para o contribuinte individual, **permite-se ao segurado facultativo** cujo salário-de-contribuição seja igual ao valor de **um salário mínimo** optar pelo **recolhimento trimestral** das contribuições previdenciárias, com vencimento no dia 15 do mês seguinte ao de cada trimestre civil, prorrogando-se o vencimento para o dia útil subseqüente quando não houver expediente bancário nesse dia.

Ele também pode optar pelo sistema especial de inclusão previdenciária, mencionado quando estudamos a contribuição do contribuinte individual, passando a contribuir com 11% sobre o salário mínimo, desde que opte por não se aposentar por tempo de contribuição.

Segurado especial

Arts. 195, § 8.º, CF, 25, Lei 8.212/91, e 200, Decreto 3.048/99

A forma de contribuição do segurado especial é bastante diferente da de todas as outras categorias, as quais, como visto, recolhem mensalmente sua contribuição previdenciária com base no salário-de-contribuição.

Como a atividade agrícola desse segurado somente gera renda no período de colheita, seria muito difícil que ele conseguisse recolher uma contribuição mensal. A Constituição Federal, por isso, autorizou que o segurado especial recolha sua contribuição com base em um percentual incidente sobre a venda da produção rural. Desse modo, apenas contribui para a Previdência depois da comercialização dos produtos.

A alíquota de contribuição é de **2%** sobre o valor bruto arrecadado com a comercialização da produção rural, ou seja, sobre toda a venda por ele efetuada. Deve-se, ainda, acrescentar **0,1%** para o custeio do Seguro de Acidente de Trabalho (SAT), também denominado Grau de Incidência de Incapacidade Laborativa Decorrente dos Riscos Ambientais do Trabalho (Gilrat), e **0,2%** para o Serviço Nacional de Aprendizagem Rural (Senar). Este último recolhimento, todavia, não se destina aos cofres previdenciários, mas à própria entidade de apoio à atividade rural.

A contribuição total do segurado especial, assim, alcança a alíquota de **2,3%**, incidentes sobre o valor bruto da comercialização de sua produção rural. Observe-se, ainda, que não há limite para a incidência desse percentual, mesmo porque, em tal caso, a base de incidência da contribuição previdenciária não é o salário-de-contribuição.

Por força dessa maneira diferenciada de contribuir, o segurado especial tem, também, uma forma peculiar de cálculo de seus benefícios. O valor dos benefícios que substituem a remuneração é equivalente ao salário mínimo.

O segurado especial pode **contribuir, facultativamente, da mesma forma que o contribuinte individual** que presta serviços somente a pessoa física, pagando a alíquota mensal de 20% sobre o valor por ele declarado. A vantagem é que, recolhendo como contribuinte individual, ele poderá receber benefícios superiores a um salário mínimo.

Caso o segurado especial venda sua produção para pessoa jurídica, a contribuição incidente será recolhida pela empresa adquirente, mesmo que a operação de compra tenha sido intermediada por pessoa física. Quando uma pessoa física compra a produção rural de segurado especial para revenda no varejo, fica, também, responsável pelo recolhimento. Nesses casos, os adquirentes devem reter 2,3% do valor bruto da comercialização e repassá-lo à Previdência até o dia 10 do mês subseqüente ao que se efetivou a operação, prorrogando-se o prazo para o próximo dia útil caso não haja expediente bancário nesse dia.

Comercializando, no entanto, sua produção com adquirente domiciliado no exterior, diretamente no varejo a consumidor pessoa física, a outro produtor rural pessoa física ou a outro segurado especial, deve recolher diretamente as contribuições à Previdência Social até o dia 10 do mês seguinte.

A exportação da produção rural não gera obrigações tributárias por força do artigo 149, § 2.º, da Constituição Federal (imunidade às exportações).

Exemplo: Altamiro, segurado especial, criador de bode da região de Caculé, Bahia, vende sua produção para o Supermercado Castilho, cobrando-lhe R$ 1.500,00. No mesmo mês, efetua venda para os residentes da cidade, faturando R$ 1.100,00. Como será paga a contribuição?
Resposta: o Supermercado Castilho deve descontar do valor pago a Altamiro a quantia de R$ 34,50 (2,3% x 1.500,00) e repassá-la para a Previdência. Altamiro, por sua vez, deverá pagar, no dia 10 do mês seguinte à venda, a quantia de R$ 25,30 (2,3% x 1.100,00), decorrente da venda efetuada, diretamente, no varejo caculeense.

Em Resumo

Contribuições dos Segurados

Portaria MPAS 822, de 11 de Maio de 2005		
Segurados	**Base**	**Alíquota**
Empregado	Até 868,29	7,65%
Empregado doméstico	De 868,30 até 1.140,00	8,65%
Avulso	De 1.140,01 até 1.447,14	9,00%
	De 1.447,15 até 2.894,28	11,00%
Contribuinte individual	Atividade por conta própria	20%
	Serviço prestado a pessoa jurídica	11%
	Serviço prestado a entidade isenta da cota patronal	20%
Segurado facultativo	Valor por ele declarado	20%
Segurado especial parcela básica	Receita bruta da	2%
	comercialização	0,1% SAT/Gilrat
		0,2% Senar

Preste Atenção

Concursos públicos freqüentemente têm apresentado questões com o seguinte texto: "O contribuinte individual pode optar por recolher suas contribuições como segurado facultativo". Essa assertiva está, é claro, totalmente errada, em uma tentativa de confundir os candidatos, já que não é possível que esse segurado contribua como facultativo, pois, em realidade, ele é segurado obrigatório do RGPS.

8

Contribuições dos Tomadores de Serviço

Contribuição dos empregadores domésticos

Arts. 15, II, Lei 8.212/91, e 211 e 216, VIII, §§ 5.º, 16 e 18, Decreto 3.048/99

A alíquota de contribuição é de **12%** sobre o salário-de-contribuição de seu empregado doméstico. Portanto, o limite máximo da base de contribuição de R$ 2.894,28 deve ser respeitado.

Atente-se para o fato de que, diante da hipótese de o doméstico receber salário proporcional ao número de dias trabalhado, poderá ocorrer situação de pagamento de remuneração inferior ao mínimo legal. Nesse caso, o empregador deve recolher as contribuições previdenciárias proporcionais ao valor efetivamente pago ao empregado doméstico (art. 68, § 3.º, IN 3/05, da SRP).

O empregador doméstico é obrigado a arrecadar a contribuição do segurado empregado doméstico e recolhê-la, assim como a parcela a seu cargo, até o dia 15 do mês subseqüente à prestação do serviço, seguindo a regra geral de prorrogação, caso não seja dia útil.

Assim como para o contribuinte individual e facultativo, **permite-se ao empregador doméstico** que remunere empregado com o valor de **um salário mínimo** optar pelo **recolhimento trimestral** das contribuições previdenciárias, com vencimento no dia 15 do mês seguinte ao de cada trimestre civil, prorrogando-se o vencimento para o dia útil subseqüente, quando não houver expediente bancário no dia 15.

O desconto da contribuição e da consignação legalmente determinado sempre se presumirá feito, oportuna e regularmente, pela empresa e pelo empregador doméstico, os quais ficam diretamente responsáveis pelas importâncias que deixarem de descontar de seus empregados.

Para ter direito aos benefícios, todavia, o segurado empregado doméstico tem de comprovar o efetivo recolhimento das contribuições devidas.

Não sendo possível, será concedido o benefício de valor mínimo, devendo sua renda ser recalculada quando da apresentação da prova do recolhimento das contribuições.

Contribuição da empresa e equiparadas

Sobre a remuneração de empregados e avulsos

CONTRIBUIÇÃO BÁSICA

Arts. 22, I, § 1.º, Lei 8.212/91, e 201, I e § 6.º, Decreto 3.048/99

As empresas e equiparadas devem contribuir com **20%** sobre a remuneração paga, devida ou creditada aos segurados empregados e avulsos que lhes prestem serviço durante o mês. No caso das **instituições financeiras**, é devida uma contribuição adicional de 2,5%. A alíquota total para essas empresas, portanto, perfaz **22,5%**.

CONTRIBUIÇÃO PARA O SAT/GILRAT

Arts. 22, II, § 1.º, Lei 8.212/91, e 202, Decreto 3.048/99

A denominação Seguro de Acidente de Trabalho (SAT) era utilizada na redação original do artigo 22, inciso II, da Lei 8.212/93. Com a alteração do texto, a nomenclatura foi modificada para Grau de Incidência de Incapacidade Laborativa Decorrente dos Riscos Ambientais do Trabalho (Gilrat). Atualmente, as duas expressões são usadas para tratar dessa parcela.

O SAT/Gilrat incidente sobre a remuneração paga ou creditada pelas empresas, no decorrer do mês, aos segurados empregados e avulsos que lhes prestem serviço tem as seguintes alíquotas:

- 1% para as empresas em cuja atividade preponderante o risco de acidente do trabalho seja considerado leve;
- 2% para as empresas em cuja atividade preponderante esse risco seja considerado médio;
- 3% para as empresas em cuja atividade preponderante esse risco seja considerado grave.

A Receita entende que atividade preponderante é a que conta com o maior número de empregados, levando em conta todos os estabelecimentos da empresa (art. 202, § 3.º, Decreto 3.048/99).

A legislação previdenciária menciona que, com o intuito de estimular investimentos em prevenção de acidentes de trabalho, o Ministério da Previdência Social poderá alterar o enquadramento de empresa que demonstrar a melhoria das condições de trabalho, em razão de sua política de segurança. O artigo 10 da Lei 10.666/03 propõe a atenuação da alíquota em até

50% ou seu acréscimo em até 100%, de acordo com o investimento em segurança do trabalho, podendo, então, variar de 0,5% a 6%.

O Decreto 6.042, de 12/02/2007, regulamentou a alteração das alíquotas do GILRAT, com o acréscimo do art. 202-A ao Decreto 3.048/99, que criou o Fator Acidentário de Prevenção – FAP, como forma de aferição do investimento para prevenção de acidentes.

O FAP consiste em um multiplicador variável num intervalo contínuo de cinqüenta centésimos (0,50) a dois inteiros (2,00), desprezando-se as demais casas decimais, a ser aplicado à respectiva alíquota. Assim, o FAP pode ser definido, por exemplo, em 0,63; 1,23; 1,89 etc. Este valor será multiplicado pela alíquota de enquadramento do SAT/Gilrat, resultando na alíquota mensal apurada.

Exemplificando: Uma empresa que está enquadrada com grau de risco médio (Gilrat de 2%) e tem fixado o seu FAP em 1,30, deve recolher, mensalmente, a alíquota de 2,60% (2% x 1,30).

O FAP tem como variáveis os índices de frequência, de gravidade e de custo. O índice de frequência representa o número de acidentes ocorrido no período para um milhão de horas trabalhadas. O índice de gravidade traz o número de dias de afastamento do trabalhador do labor, devido ao acidente de trabalho, durante a mesma quantidade de horas. Já o índice de custos trata-se de uma relação entre os valores pagos pela empresa de Gilrat e os valores desembolsados pela Previdência Social com os benefícios acidentários provocados pela empresa.

Será, então, definida a taxa padrão por atividade econômica, a qual será comparada com os índices obtidos individualmente por cada empresa do setor. As diferenças encontradas serão utilizadas para definição do FAP. Se o desvio for de seis pontos positivos ou mais, o FAP terá valor máximo (2,00), e se for de seis pontos negativos ou menos, terá valor mínimo (0,50). O FAP somente produzirá efeitos tributários a partir de 1° de janeiro de 2009.

CONTRIBUIÇÃO ADICIONAL AO SAT/GILRAT PARA O CUSTEIO DAS APOSENTADORIAS ESPECIAIS

Arts. 57, §§ 6.º e 7.º, Lei 8.213/91, e. 202, § 1.º, Decreto 3.048/99

As alíquotas do SAT/Gilrat serão acrescidas de **6%**, **9%** ou **12%** se a atividade exercida pelos segurados empregados, avulsos e contribuintes individuais, a serviço da empresa, ensejar a concessão de aposentadoria especial após 25, 20 ou 15 anos de contribuição, respectivamente. O referido complemento incide exclusivamente sobre a remuneração dos segurados expostos a agentes nocivos que prejudiquem a saúde e a integridade física.

Caso a empresa tenha 500 funcionários contratados, mas somente dez deles estejam expostos a agentes nocivos à saúde, será devido o adicional apenas sobre a remuneração desses empregados.

CONTRIBUIÇÃO PARA OUTRAS ENTIDADES E FUNDOS (TERCEIROS)

Arts. 240, CF, e 274, Decreto 3.048/99

A Constituição Federal, em seu artigo 240, dispõe que é possível instituir a cobrança de contribuições compulsórias dos empregadores sobre a folha de salários destinada às entidades privadas de serviço social e de formação profissional vinculadas ao sistema sindical (terceiros).

A contribuição para terceiros é incidente sobre as remunerações pagas ou creditadas aos empregados e segurados avulsos que prestem serviços à empresa. São exemplos dessas entidades o Fundo Nacional de Desenvolvimento da Educação (FNDE – salário-educação), o Instituto Nacional de Colonização e Reforma Agrária (Incra), o Serviço Social da Indústria (Sesi), o Serviço Social do Comércio (Sesc), o Serviço Nacional de Aprendizagem do Transporte (Senat) e o Serviço Nacional de Aprendizagem Rural (Senar).

Atente-se para o fato de que essas contribuições não são receitas da seguridade social e muito menos da previdência social. Ocorre que, como é utilizada a mesma base de cálculo das contribuições destinadas à Previdência Social, o Ministério da Previdência Social recebeu a missão legal de arrecadar, fiscalizar e cobrar tais contribuições, repassando-as, posteriormente, para cada entidade. Por esse serviço **a Previdência Social é remunerada** com o percentual de **3,5% do montante arrecadado**, **exceto** sobre o **salário-educação** (FNDE), cujo percentual destinado à Previdência é de **1%**.

CONTRIBUIÇÃO SOBRE O 13.º SALÁRIO DOS EMPREGADOS

Arts. 214, §§ 6.º e 7.º, e 216, §§ 1.º a 3.º, Decreto 3.048/99

As contribuições da empresa e do segurado sobre o 13.º salário devem ser calculadas separadamente das contribuições incidentes sobre a remuneração de dezembro. Essa fórmula de cálculo torna-se relevante para os empregados quando a soma do 13.º salário e da remuneração de dezembro ultrapassar o limite máximo do salário-de-contribuição. Para a empresa, não há qualquer diferença entre calcular as contribuições separada ou conjuntamente, pois não há limite máximo para a base de incidência da contribuição patronal.

A contribuição do segurado incidente sobre o valor bruto do 13.º salário é devida quando do pagamento ou crédito da última parcela e deve ser recolhida juntamente com a contribuição a cargo da empresa até o dia 20 de dezembro, **antecipando-se o vencimento** para o dia útil imediatamente anterior se não houver expediente bancário no dia 20.

No caso de rescisão de contrato de trabalho, as contribuições devidas serão recolhidas até o dia 10 do mês subseqüente à rescisão, postergando-se o prazo se não for dia útil. Deve-se computar em separado a parcela referente à gratificação natalina.

Sobre as remunerações dos contribuintes individuais

Arts. 22, III, Lei 8.212/91, 1.º, § 2.º, Lei 10.666/03, e 201, II e § 6.º, Decreto 3.048/99

As empresas e equiparadas devem contribuir com **20%** sobre a remuneração paga ou creditada aos segurados contribuintes individuais que lhes prestem serviço durante o mês. No caso das **instituições financeiras**, é devida uma contribuição adicional de 2,5% sobre a remuneração dos contribuintes individuais. A alíquota total para essas empresas, portanto, perfaz **22,5%**.

Note-se que a alíquota de contribuição das empresas sobre a remuneração dos contribuintes individuais é idêntica àquela referente à remuneração dos empregados e avulsos (parcela básica). A diferença é que, em relação aos contribuintes individuais, não há qualquer contribuição adicional, quer para o SAT/Gilrat, quer para terceiros.

As empresas que contratam serviços de contribuintes individuais devem efetuar o recolhimento das contribuições juntamente com o das contribuições devidas sobre a remuneração dos empregados até o dia 10 do mês subseqüente, prorrogando-se o prazo para o dia útil seguinte se não houver expediente bancário no dia 10.

ADICIONAL DA COOPERATIVA DE PRODUÇÃO SOBRE A REMUNERAÇÃO DE SEUS COOPERADOS

O artigo 1.º, § 2.º, da Lei 10.666/03 instituiu a contribuição adicional de **12%**, **9%** ou **6%** a cargo da cooperativa de produção, incidente sobre a remuneração paga, devida ou creditada ao cooperado filiado, na hipótese de exercício de atividade que autorize a concessão de aposentadoria especial após 15, 20 ou 25 anos de contribuição, respectivamente. Essa lei estendeu o direito à aposentadoria especial aos empregados cooperados, instituindo, por outro lado, a fonte de custeio.

Cooperativa de produção é aquela em que os associados contribuem com serviços laborativos ou profissionais para a produção em comum de bens quando a cooperativa detém os meios de produção, como no caso dos pequenos produtores de leite que constituem uma cooperativa para vender sua produção para uma grande indústria do setor de laticínios.

Note-se que a cooperativa de produção difere da cooperativa de trabalho, uma vez que, nesta última, os associados reúnem-se para vender sua força de trabalho, sem ter qualquer produto para oferecer.

Contribuição da empresa sobre os serviços prestados por cooperativas de trabalho

Arts. 22, IV, Lei 8.212/91, 201, III e § 6.º, Decreto 3.048/99, e 1.º, § 1.º, Lei 10.666/03

A empresa deve pagar contribuição previdenciária de **15%** sobre o valor bruto da nota fiscal ou fatura de prestação de serviços de cooperados por intermédio de cooperativas de trabalho.

Aquelas que contratam profissionais filiados a cooperativas de trabalho para exercer suas **atividades sob condições especiais** que prejudiquem a saúde e a integridade física contribuem, **adicionalmente**, com as alíquotas de **5%**, **7%** ou **9%**, nos casos em que o agente nocivo enseje direito à aposentadoria especial de 25, 20 ou 15 anos, respectivamente (art. 1.º, § 1.º, Lei 10.666/03).

A contribuição das empresas tomadoras de serviço de cooperativas tem a finalidade de substituir as contribuições devidas pelas cooperativas de trabalho sobre a remuneração de seus cooperados. Anote-se que a cooperativa de trabalho é considerada empresa pela conceituação do Direito Previdenciário e, como tal, deveria contribuir com a alíquota de 20% sobre a remuneração paga a contribuintes individuais. Os legisladores optaram por isentar as cooperativas no que tange às remunerações repassadas para seus filiados, criando uma contribuição a cargo das empresas que contratarem seus serviços.

Observe-se que essa contribuição apenas substitui a devida em relação à remuneração dos cooperados, devendo ser recolhidas todas as contribuições incidentes sobre a contratação de empregados ou de contribuintes individuais distintos de seus associados.

As cooperativas de produção não são beneficiadas por essa isenção, devendo contribuir da mesma forma que qualquer empresa, inclusive sobre a remuneração de seus cooperados. A diferença em relação à cooperativa de trabalho é que esta não possui qualquer meio de produção, ficando limitada à venda da força de trabalho.

As empresas que contratam serviços de cooperativas de trabalho devem efetuar o recolhimento das contribuições juntamente com o das contribuições devidas sobre a remuneração dos empregados até o dia 10 do mês subseqüente.

Contribuição substitutiva da parte patronal

Como visto até aqui as empresas contribuem para a Previdência Social utilizando, como base de cálculo, a folha de remuneração dos trabalhadores que lhes prestem serviços. Essa base, entretanto, pode ser alterada em razão da atividade econômica do contribuinte (art. 195, § 9.º, CF), e a empresa passa, então, a contribuir para o RGPS sobre uma base diferenciada, de acordo com as peculiaridades de sua atividade.

Ao tratar da contribuição dos segurados, mencionou-se que o segurado especial não contribui para o RGPS sobre sua remuneração, em virtude das características de sua atividade e da irregularidade de seu fluxo financeiro, que concentra todos os recebimentos do ano no momento da colheita e comercialização da produção rural, impedindo-o de contribuir mensalmente para o sistema. O mesmo pode ocorrer em relação aos tomadores de serviço.

De fato, determinados ramos possuem características singulares que dificultariam o pagamento da contribuição convencional. Nesses casos, a opção do legislador foi substituir a base de cálculo para adequar a contribuição previdenciária à capacidade de pagamento do empregador.

As atividades que foram beneficiadas com esse tratamento diferenciado são:

- associações desportivas que mantêm equipe de futebol profissional;
- produtores rurais pessoas físicas;
- produtores rurais pessoas jurídicas;
- agroindústrias.

Associações desportivas que mantêm equipe de futebol profissional

Arts. 22, §§ 6.º a 10, Lei 8.212/91, e 205, Decreto 3.048/99

A contribuição empresarial das associações desportivas que mantêm equipe de futebol profissional corresponde a **5% da receita bruta**, decorrente dos espetáculos desportivos de que participem em todo o território nacional, em qualquer modalidade desportiva, inclusive jogos internacionais, e, ainda, **5% da receita de patrocínio**, de licenciamento de uso de marcas e símbolos, de publicidade, de propaganda e de transmissão de espetáculos desportivos (art. 22, § 6.º, Lei 8.212/91).

Saliente-se que essa contribuição **substitui apenas as devidas pela empresa sobre a remuneração de empregados e avulsos**, ou seja, caso a associação desportiva contrate contribuinte individual, deverá pagar **20%** sobre sua remuneração, a título de contribuição previdenciária. Da mesma forma, se contratar serviços de cooperativa de trabalho, pagará **15%** sobre o valor bruto da nota fiscal ou fatura. Fica mantida, também, a obrigação de efetuar a retenção das contribuições dos segurados, repassando-as aos cofres previdenciários.

Observe-se que, para existir a contribuição substitutiva, é fundamental que a associação desportiva possua uma equipe de futebol profissional. Uma vez atendida tal condição, as contribuições incidem sobre **todas as modalidades desportivas** e substituem as relativas a **todos os empregados** da associação.

Exemplo: o Victória Futebol Clube, além da equipe de futebol, possui uma equipe de basquete, um clube de remo e uma lojinha de venda de produtos licenciados. A contribuição deve incidir sobre os espetáculos e patrocínios de todas essas modalidades desportivas e serve como substituta da contribuição de todos os empregados, incluindo os jogadores de basquete, os remadores e mesmo os funcionários da loja.

A responsabilidade pelo recolhimento é da entidade promotora do espetáculo ou da entidade patrocinadora, cabendo a estas o desconto da contribuição e o repasse para a Previdência Social. No caso de espetáculos desportivos, a contribuição deve ser recolhida no prazo de dois dias úteis após a realização do evento e, para os patrocínios a entidades desportivas, no dia 10 do mês subseqüente ao que ocorreu o patrocínio.

Produtor rural pessoa física

Arts. 22-B e 25, Lei 8.212/91, e 205, Decreto 3.048/99

A contribuição do produtor rural pessoa física, em substituição à parte patronal relativa à prestação de serviços de empregados e avulsos, é de:

- **2%** da receita bruta proveniente da comercialização da produção rural;
- **0,1%** da receita bruta proveniente da comercialização da produção rural para financiamento das prestações por acidente de trabalho (SAT/Gilrat);
- **0,2%** sobre a mesma base para o Serviço Nacional de Aprendizagem Rural (Senar).

Note-se que essa contribuição é idêntica à recolhida pelos segurados especiais para o custeio dos próprios benefícios. **Não se deve confundir, entretanto, a contribuição do produtor rural pessoa física com a do segurado especial.** A primeira tem a finalidade de substituir as contribuições para o custeio da parte patronal em relação aos empregados rurais contratados pelo produtor, e a segunda se refere à parte do segurado especial para o custeio de seus benefícios.

Da mesma forma que o segurado especial, caso o produtor rural pessoa física venda sua produção para pessoa jurídica, a contribuição incidente tem de ser retida e recolhida pelo comprador, juntamente com as contribuições dos empregados deste. Contudo, caberá ao próprio produtor o recolhimento de sua contribuição até o dia 10 do mês subseqüente, quando a produção for vendida a pessoa física ou a outro segurado especial.

Saliente-se que essa contribuição, assim como a das entidades desportivas que mantêm equipe de futebol profissional, substitui apenas as devidas pela empresa sobre a remuneração de empregados e avulsos.

Produtor rural pessoa jurídica

Arts. 25, Lei 8.870/94, e 201, IV, Decreto 3.048/99

Das contribuições previdenciárias, a única que não está regulamentada pela Lei 8.212/91 é a do produtor rural pessoa jurídica, em substituição à parte patronal relativa à prestação de serviços de empregados e avulsos, que é de:

- **2,5%** da receita bruta proveniente da comercialização da produção rural;
- **0,1%** da receita bruta proveniente da comercialização da produção rural para financiamento das prestações por acidente de trabalho referente a seus empregados (SAT/Gilrat);
- **0,25%** sobre a mesma base para o Senar.

O Decreto 3.048/99 acrescenta que essa substituição somente deve ocorrer quando se tratar de pessoas jurídicas que tenham como fim **apenas a atividade de produção rural**. Logo, a empresa que, além da atividade rural, explore também outra atividade econômica, seja comercial, industrial ou de serviços, no mesmo estabelecimento ou em outro distinto, independentemente de qual seja a preponderante, contribuirá como qualquer empresa, não sendo a parte patronal substituída.

Diferentemente do produtor rural pessoa física, **a empresa rural é sempre responsável pelo recolhimento das contribuições** sobre a venda de sua produção, não importando se o comprador é pessoa física ou jurídica. O produtor pessoa jurídica deve recolher a contribuição até o dia 10 do mês subseqüente ao que a produção for vendida, prorrogando-se o prazo se não for dia útil, juntamente com as contribuições retidas de seus empregados.

Note-se que essa contribuição, assim como a do produtor rural pessoa física, substitui apenas as devidas pela empresa sobre a remuneração de empregados e avulsos. Fica mantida, também, a obrigação de efetuar a retenção das contribuições dos segurados, repassando-as à Previdência.

Agroindústria

Arts. 22-A, Lei 8.212/91, e 201 A, Decreto 3.048/99

A agroindústria é o produtor rural pessoa jurídica cuja atividade econômica é a industrialização da própria produção, podendo, adicionalmente, industrializar também produção adquirida de terceiros.

A contribuição da agroindústria, em substituição à parte patronal, incidente sobre a prestação de serviços de empregados e avulsos, é de:

- **2,5%** da receita bruta proveniente da comercialização da produção rural;
- **0,1%** da receita bruta proveniente da comercialização da produção rural para financiamento das prestações por acidente de trabalho referente a seus empregados (SAT/Gilrat);
- **0,25%** sobre a mesma base para o Senar.

A contribuição substitutiva da parte patronal **não se aplica** às sociedades cooperativas rurais e às agroindústrias de **piscicultura** (produção de peixes), **carcinicultura** (produção de crustáceos), **suinocultura** (produção de suínos) e **avicultura** (produção de aves) e, recentemente, também às agroindústrias que se dediquem apenas ao **florestamento e reflorestamento** como fonte de matéria-prima para a industrialização própria, mediante a utilização de processo industrial que modifique a natureza química da madeira ou a transforme em pasta celulósica (empresas fabricantes de papel).

As contribuições de empresas como Sadia, Perdigão e Seara, apesar de estas serem agroindústrias, já que produzem frangos e suínos para abate, industrialização e venda, não incidem sobre a comercialização da produção rural, e seus recolhimentos devem ser efetuados com base na folha de pagamento.

Diferentemente do produtor rural pessoa física, a agroindústria é sempre responsável pelo recolhimento das contribuições sobre a venda de sua produção, não importando se o comprador é pessoa física ou jurídica. Deve, então, recolher a contribuição até o dia 10 do mês subseqüente ao da venda da produção, prorrogando-se o prazo se não for dia útil, juntamente com as contribuições retidas de seus empregados.

Saliente-se que essa contribuição substitui apenas as devidas pela empresa sobre a remuneração de empregados e avulsos. Fica mantida, também, a obrigação de efetuar a retenção das contribuições dos segurados, repassando-as à Previdência.

Contribuição das empresas optantes pelo Simples Nacional

O Sistema Integrado de Pagamento de Impostos e Contribuições das Microempresas e das Empresas de Pequeno Porte (Simples) consiste em uma forma de **consolidação de diversos tributos em um único**, calculado mediante a aplicação de uma alíquota sobre a receita bruta das microempresas (receita de até R$ 240 mil) e das empresas de pequeno porte (receita de R$ 240 mil até R$ 2,4 milhões).

As empresas que se enquadram nos limites estabelecidos têm a faculdade de **optar** pelo sistema simplificado. Podem, ainda, continuar a contribuir da maneira tradicional, pagando isoladamente todos os tributos para cada ente arrecadador. A Receita Federal é, então, o órgão responsável pelo deferimento do pedido de enquadramento no Simples.

Com a edição da Lei Complementar 123, o antigo Simples Federal foi substituído pelo Simples Nacional (chamado de Super Simples). A grande vantagem do Simples Nacional em relação ao antigo Simples é a inclusão do ICMS e ISS no rol dos tributos substituídos pela alíquota única.

Os tributos que podem ser substituídos pelo percentual único sobre a receita bruta são:

- Imposto de Renda das Pessoas Jurídicas (IRPJ);
- contribuição para os Programas de Integração Social e de Formação do Patrimônio do Servidor Público (PIS/Pasep);
- Contribuição Social sobre o Lucro Líquido (CSLL);
- Contribuição para Financiamento da Seguridade Social (Cofins);
- Imposto sobre Produtos Industrializados (IPI);
- contribuições para a Previdência Social, a cargo da pessoa jurídica, sobre a remuneração de contribuintes individuais, sobre a folha de pagamento de empregados e avulsos, incluindo o adicional de 2,5% para instituições financeiras e o SAT/Gilrat, e sobre a nota fiscal de cooperativa de trabalho;
- ICMS;
- ISS.

As agroindústrias e os produtores rurais pessoas jurídicas também podem beneficiar-se das regras do Simples, desde que se enquadrem nos requisitos legais.

Em síntese, **do ponto de vista previdenciário, o Simples substitui toda a parte patronal**. Subsiste, contudo, a obrigação da empresa inscrita no sistema de **reter as contribuições dos empregados e contribuintes individuais que lhes prestem serviço, repassando-as à Previdência Social**.

O pagamento unificado de impostos e contribuições devidos pelas microempresas e pelas empresas de pequeno porte inscritas no Simples será feito de forma centralizada, até o vigésimo dia do mês subseqüente àquele em que houver sido auferida a receita bruta, utilizando-se o documento de arrecadação único e específico (DARF-Simples).

Outras receitas da Seguridade Social

Arts. 27, Lei 8.212/91, e 213, Decreto 3.048/99

Além das contribuições já estudadas, existem outras fontes de recursos que alimentam a Seguridade Social brasileira, assim estabelecidas pelo artigo 27 da Lei 8.212/91:

I. as multas, a atualização monetária e os juros moratórios;

Esses valores são devidos à Seguridade Social sempre que o recolhimento das contribuições não ocorra na data fixada pela legislação.

II. a remuneração recebida por serviços de arrecadação, fiscalização e cobrança prestados a terceiros;

Conforme mencionado, a Previdência Social é remunerada pela arrecadação, fiscalização e cobrança das contribuições para outras entidades e fundos (terceiros) com o percentual de **3,5%** do montante arrecadado, exceto sobre o salário-educação (FNDE), em que o percentual destinado à Previdência é de **1%**.

III. as receitas provenientes de prestação de outros serviços e de fornecimento ou arrendamento de bens;
IV. as demais receitas patrimoniais, industriais e financeiras;
V. as doações, legados, subvenções e outras receitas eventuais;
VI. 50% dos valores obtidos e aplicados na forma do parágrafo único do artigo 243 da Constituição Federal;

O inciso VI determina, então, que a parcela de **50% dos bens apreendidos em decorrência do tráfico de drogas** será destinada à Seguridade Social, devendo ser aplicada em **programas de tratamento de viciados**.

VII. 40% do resultado dos leilões dos bens apreendidos pelo Departamento da Receita Federal;

Os bens apreendidos pela Receita Federal são leiloados, sendo 40% dos valores arrecadados repassados à Seguridade Social.

VIII. outras receitas previstas em legislação específica.

Adicionalmente, as companhias seguradoras que mantêm o seguro obrigatório de danos pessoais causados por veículos automotores de vias terrestres devem repassar à Seguridade Social 50% do valor total do prêmio recolhido para ser destinado ao Sistema Único de Saúde (SUS), a fim de custear a assistência médico-hospitalar dos segurados vitimados em acidentes de trânsito. O seguro obrigatório aqui tratado é o de Danos Pessoais causados por Veículos Automotores de Vias Terrestres (DPVAT).

Dos valores arrecadados destinados à Seguridade Social, 10% serão repassados mensalmente ao Coordenador do Sistema Nacional de Trânsito, ou seja, dos 50% que cabem à Seguridade, 5% serão repassados ao referido órgão (10% x 50% = 5%). A Seguridade, por fim, ficará com 45% do valor arrecadado com o DPVAT.

Em Resumo

Contribuições dos Tomadores de Serviço

Contribuições Patronais		
	Base	**Alíquota**
Empregador doméstico	Remuneração do empregado doméstico.	12%, até o limite máximo do salário-de-contribuição
Contribuição da empresa e equiparadas	Empregados e avulsos	20% (22,5% se for financeira) + 1%, 2% ou 3% SAT/Gilrat + terceiros + 6%, 9% ou 12% para empregados com aposentadoria especial
	Contribuintes individuais Nota fiscal de cooperativa de trabalho	20% (22,5% se for financeira) 15% + 5%, 7% ou 9% para cooperados com aposentadoria especial
Substitutivas da parte patronal	Receita dos clubes de futebol profissional	5%
	Receita do produtor rural pessoa física	2% + 0,1% SAT/Gilrat + 0,2% Senar
	Receita do produtor rural pessoa jurídica	2,5% + 0,1% SAT/Gilrat + 0,25% Senar
	Agroindústrias	2,5% + 0,1% SAT/Gilrat + 0,25% Senar

Preste Atenção

1. A regra de pagamento da contribuição sobre o 13.º salário não segue a regra geral da postergação do prazo quando não for dia útil. O prazo da contribuição sobre a gratificação natalina será antecipado, quando 20 de dezembro não for dia útil.

2. A contribuição dos segurados especiais para o custeio dos próprios benefícios possui as mesmas alíquotas da contribuição substitutiva da parte patronal. Não se deve confundir, entretanto, a contribuição do produtor rural pessoa física com a do segurado especial. A primeira tem a finalidade de substituir as contribuições para o custeio da parte patronal em relação aos empregados rurais contratados pelo produtor, e a segunda se refere à parte do segurado especial para o custeio de seus benefícios.

A diferença entre o produtor rural pessoa física e o segurado especial é, justamente, a possibilidade de o primeiro contratar empregados. Já o segundo, caso contrate empregados, perderá a condição de segurado especial, sendo transformado em produtor rural pessoa física (contribuinte individual).

9

Outros Temas Relacionados ao Custeio Previdenciário

Retenção de 11% sobre a nota fiscal dos prestadores de serviços

Arts. 31, Lei 8.212/91, e 221 a 224, Decreto 3.048/99

A partir de fevereiro de 1999 (Lei 9.711/98), a empresa contratante de serviços executados mediante cessão de mão-de-obra passou a ter a obrigação de reter 11% do valor da nota fiscal ou fatura de prestação de serviços e recolhê-los, em nome da prestadora, até o dia 10 do mês subseqüente ao da emissão da nota. Note-se que o mês de recolhimento deve ser o seguinte à data que conste da emissão da nota fiscal, independentemente de quando o serviço contratado foi pago.

A empresa prestadora de serviço, por sua vez, tem de destacar, na nota fiscal, o valor da retenção a ser efetuada pela contratante. Independentemente do destaque, entretanto, a empresa que utilizar serviço envolvendo cessão de mão-de-obra deve, de toda maneira, efetuar a retenção. O erro cometido pela prestadora de não efetuar destaque na nota fiscal não exime a responsabilidade da tomadora de reter e recolher as contribuições.

Essa retenção é uma antecipação da contribuição previdenciária da prestadora de serviço, não gerando qualquer custo adicional para a contratante ou contratada. A empresa cedente de mão-de-obra deve compensar-se dos valores retidos, após apuração do valor da contribuição previdenciária a pagar, calculada no fechamento da folha de pagamento.

Exemplo: a empresa MK Artigos Esportivos contratou a Limpelogo, prestadora de serviços de limpeza, por um período de dois anos, ajustando-se o pagamento de R$ 10.000,00. No mês de fevereiro, efetuou o destaque de R$ 700,00; em março, não efetuou o destaque; e, em abril, destacou

R$ 1.100,00. A contribuição a pagar da prestadora, apurada no final de cada mês, com base na folha de pagamento, foi de R$ 2.000,00 mensais. Que valor deve ser retido pela empresa MK e recolhido pela Limpelogo?
Resposta: independentemente do correto destaque na nota fiscal, a empresa MK deve reter da Limpelogo o valor de R$ 1.100,00 (11% x R$ 10.000,00) em cada mês e recolhê-lo em nome da prestadora e pagar à Limpelogo a diferença entre o valor da nota e o retido, que totaliza R$ 8.900,00 (R$ 10.000,00 – R$ 1.100,00). A Limpelogo deve pagar em cada mês o valor da diferença entre as contribuições apuradas e as antecipadas mediante retenção, que totaliza R$ 900,00 (R$ 2.000,00 – R$ 1.100,00).

Nem todos os serviços prestados por pessoas jurídicas sujeitam-se à obrigatoriedade da retenção. Alguns somente estão sujeitos à retenção quando contratados por cessão de mão-de-obra ou por empreitada.

Entende-se como **cessão de mão-de-obra** a colocação à disposição do contratante, em suas dependências ou nas de terceiros, de segurados que realizem serviços contínuos, relacionados ou não com a atividade-fim da empresa, quaisquer que sejam a natureza ou a forma de contratação (art. 31, § 3.º, Lei 8.212/91).

Já a **empreitada** é a execução contratualmente estabelecida de tarefa, de obra ou de serviço, por preço ajustado, com ou sem o fornecimento de materiais ou uso de equipamentos, realizados em suas dependências, nas da contratada ou nas de terceiros, tendo como objetivo um fim específico ou resultado pretendido (art. 144, IN 3/05, da SRP).

Estarão sujeitos à retenção, se contratados mediante cessão de mão-de-obra ou empreitada, os serviços de limpeza, conservação ou zeladoria, de vigilância ou segurança, de construção civil, de natureza rural (desmatamento, lenhamento, aração ou gradeamento, capina, etc.), de digitação e preparação de dados para processamento (art. 145, IN 3/05, da SRP).

Existem, ainda, os serviços que devem sujeitar-se **somente** à retenção nos casos de contratação por **cessão de mão-de-obra**, que são: acabamento, embalagem, acondicionamento, cobrança, coleta ou reciclagem de lixo, copa, hotelaria, corte ou ligação de serviços públicos, distribuição, treinamento e ensino, entrega de contas e de documentos, ligação e leitura de medidores, manutenção de instalações, de máquinas ou de equipamentos, montagem, operação de máquinas, operação de pedágio ou de terminal de transporte, operação de transporte de passageiros, portaria, recepção ou ascensorista, promoção de vendas ou de eventos, secretaria e expediente, saúde e telefonia ou telemarketing (art. 146, IN 3/05, da SRP).

A lista de serviços sujeitos à retenção é exaustiva, ou seja, nenhuma espécie de serviço não listada se sujeitará à incidência de retenção. Caso a empresa terceirize seu departamento jurídico, mantendo advogados de um escritório contratado em suas instalações, não será necessário efetuar a retenção dos 11% sobre o valor da nota fiscal da prestadora, já que a modalidade "serviços advocatícios" não foi relacionada na listagem.

Se a empresa optante pelo Simples prestar um dos serviços listados sofrerá, como qualquer outra, a retenção dos 11% previstos na legislação.

Quando a prestação de serviço estiver acompanhada do fornecimento de materiais ou utilização de equipamentos, o percentual de 11% será aplicado apenas sobre o valor relativo ao serviço, que deve estar discriminado em contrato.

Nos serviços contratados em que houver **exposição a agentes nocivos**, é necessária uma complementação da alíquota de 11% de **2%**, **3%** ou **4%** para atividades sujeitas a aposentadoria especial de 25, 20 ou 15 anos, respectivamente. A alíquota total de retenção perfaz, então, **13%**, **14%** ou **15%** (Lei 10.666/03).

Reembolso, compensação e restituição

Arts. 89, Lei 8.212/91, e 247 a 255, Decreto 3.048/99

Reembolso

Alguns benefícios da Previdência Social são pagos aos segurados diretamente pelas empresas, por força de lei. Nesse caso, elas devem efetuar, na mesma competência, o reembolso do montante despendido com os valores de contribuições previdenciárias a recolher.

Atualmente, apenas dois benefícios são pagos diretamente pelas empresas:

- Salário-família – Devido aos pais de baixa renda de menores de 14 anos ou inválidos de qualquer idade.
- Salário-maternidade – Devido à gestante para garantir seu descanso no período final da gestação e inicial pós-parto.

Compensação e restituição

A **compensação** é o procedimento de ressarcimento de valores pagos a maior ou indevidamente pelo empregador, por meio de dedução dos valores a pagar nas competências seguintes. É permitida apenas entre contribuições **arrecadadas pelo mesmo ente** e tem de ser efetuada **diretamente pelos contribuintes**, ficando sujeita à conferência dos auditores-fiscais da Previdência Social. No caso das contribuições arrecadadas pelo INSS/SRP, as compensações serão efetuadas com valores de contribuições previdenciárias a pagar.

Já o **pedido de restituição** deve ser formulado ao **ente arrecadador** (INSS/SRP), que será responsável pela análise e despacho conclusivo sobre o processo. Costuma ser utilizado apenas quando o valor recolhido indevidamente é muito superior aos valores a recolher, impossibilitando a compensação.

A restituição de contribuição indevidamente descontada do segurado poderá ser feita ao próprio segurado ou a seu procurador, salvo se comprovado que o responsável pelo recolhimento já lhe fez a devolução.

É permitida, também, a compensação dos valores retidos de prestadores de serviço sobre a nota fiscal, deduzida parcialmente na competência da emissão da fatura.

Os valores recolhidos a maior ou indevidamente podem ser atualizados, utilizando-se os mesmos critérios aplicáveis à cobrança de contribuições em atraso. O índice de juros atualmente usado é a taxa referencial do Sistema Especial de Liquidação e Custódia (Selic). No mês de vencimento e no que ocorrer a compensação ou restituição, define-se o percentual fixo de 1% e, nos meses intermediários, aplica-se a taxa Selic.

Os valores das contribuições pagas indevidamente ou a maior para entidades e fundos (terceiros) arrecadados pelo INSS/SRP **não podem ser objeto de compensação**, restando ao contribuinte a possibilidade de solicitar a restituição desses valores. Nesse caso, o pedido de restituição deve ser formulado diretamente ao INSS/SRP, quando envolver, também, recolhimentos indevidos à Previdência Social, ou à respectiva entidade, se o pagamento incorreto ocorreu unicamente para terceiros.

A compensação de valores pagos a maior ou indevidamente não pode ser superior a 30% do valor a ser recolhido em cada competência, devendo o saldo remanescente, em favor do contribuinte, ser compensado nas competências subseqüentes (art. 89, § 3.º, Lei 8.212/91).

A partir de abril de 2004, com o início da vigência da Instrução Normativa 100/03, foram excepcionados dessa regra os valores retidos de prestadores de serviço e pagamentos de salário-maternidade ou salário-família não deduzidos em época própria. Portanto, em tais situações, não há limite máximo de compensação. Para pagamentos a maior ou indevidos, a limitação de 30% do valor a pagar à Previdência Social ainda é válida.

Não são admitidas compensações ou restituições relativas a pagamento ou recolhimento indevido de salário-família ou salário-maternidade não deduzidos em época própria para contribuintes em débito com a Previdência Social. Já as compensações referentes a saldo de retenção sobre nota fiscal de competências anteriores são permitidas mesmo que o contribuinte esteja em débito com a Previdência.

Certidão Negativa de Débito

Arts. 47 e 48, Lei 8.212/91, e 257 a 265, Decreto 3.048/99

Para que as empresas efetuem determinadas operações, a lei impõe a comprovação de regularidade fiscal. O documento emitido pelo fisco que permite aos contribuintes realizar tais operações é a Certidão Negativa de Débito (CND).

A CND não **serve de prova absoluta de regularidade fiscal**, podendo ser utilizada **apenas para efetuar a transação específica**. Fica, então, o fisco resguardado do direito de apurar e constituir seus créditos, independentemente da emissão desse documento.

O INSS/SRP, como administrador do sistema previdenciário, encarrega-se de analisar a regularidade fiscal das empresas no que concerne às contribuições previdenciárias e emitir a CND, se for o caso.

Atualmente, a validade desse documento é de 90 dias, contados da data de emissão, sendo vedada qualquer cobrança de taxa do contribuinte. A verificação da autenticidade da CND pode ser efetuada pelo *site* do INSS.

A CND da empresa deve ser exigida pelo responsável por órgão do Poder Público, por órgão de registro público ou por instituição financeira, em geral, nas seguintes situações (art. 257, Decreto 3.048/99):

a) na licitação, na contratação com o Poder Público e no recebimento de benefícios ou incentivo fiscal ou creditício concedidos por ele; nos processos licitatórios, a comprovação de regularidade fiscal das microempresas e empresas de pequeno porte somente será exigida para efeito de assinatura do contrato (art. 42, da Lei Complementar 123/06); para participar do processo licitatório, estas empresas deverão apresentar a certidão, mesmo que desta conste alguma restrição (Certidão Positiva de Débito);

b) na alienação ou oneração, a qualquer título, de bem imóvel ou direito a ele relativo (as empresas que exploram, exclusivamente, a atividade de compra e venda de imóveis e outras correlatas são dispensadas dessa CND);

c) na alienação ou oneração, a qualquer título, de bem móvel de valor superior ao estabelecido periodicamente mediante Portaria do MPS (R$ 29.877,79, Portaria 146/07), incorporado ao ativo permanente da empresa;

d) no registro ou arquivamento, no órgão próprio, de ato relativo à baixa ou redução de capital de firma individual, redução de capital social, cisão total ou parcial, transformação ou extinção de entidade ou sociedade comercial ou civil e transferência de controle de cotas de sociedades de responsabilidade limitada. As microempresas e empresas de pequeno porte não necessitam de CND para o arquivamento de seus atos constitutivos nas juntas comerciais, inclusive suas alterações contratuais e, a partir da publicação da LC 123/06, nem mesmo para a extinção da empresa. Neste caso, o empresário, os sócios ou os administradores ficarão responsáveis pelos débitos apurados antes ou após o ato de extinção (art. 9.º, LC 123/06).

Para emissão da certidão, considera-se a regularidade fiscal da empresa em relação a todas as suas dependências, estabelecimentos e obras de construção civil executadas sob sua responsabilidade. Portanto, se em um pequeno estabelecimento da empresa for detectada uma inconsistência, a CND não pode ser emitida até que seja regularizada a divergência.

A CND é exigida:

- do proprietário do imóvel, pessoa física ou jurídica, quando da averbação de obra de construção civil no Cartório de Registro de Imóveis – Para registrar a obra, é, então, necessária a CND. Nesse caso, a análise da regularidade fiscal leva em conta somente os recolhimentos da obra analisada, não sendo necessária a verificação de todos os estabelecimentos da empresa;
- do incorporador na ocasião da inscrição de memorial de incorporação no Cartório de Registro de Imóveis – Esse memorial é um projeto de construção civil e, para registrá-lo, é necessária a prova de regularidade de todos os estabelecimentos da empresa incorporadora. Ao final da obra de construção civil, para possibilitar seu registro, o incorporador deve solicitar a CND específica da obra, quando será analisada a regularidade dos recolhimentos previdenciários apenas da obra em questão;
- do produtor rural pessoa física e do segurado especial quando contratarem crédito rural, em qualquer de suas modalidades, de instituição de crédito pública ou privada, desde que comercializem sua produção com o adquirente domiciliado no exterior ou diretamente no varejo com consumidor pessoa física, com outro produtor rural pessoa física ou com outro segurado especial;
- das empresas na contratação de operações de crédito com instituições financeiras que envolvam recursos públicos (Fundo de Desenvolvimento da Amazônia – Finan, Fundo de Desenvolvimento do Nordeste – Finor, FGTS, caderneta de poupança, etc.);

- na liberação de eventuais parcelas previstas nos contratos de empréstimos com instituições financeiras que utilizem os citados recursos públicos.

A **inexistência de débito** em relação às contribuições devidas ao INSS é condição necessária para que os Estados, o Distrito Federal e os Municípios possam receber as **transferências dos recursos** do fundo de participação dos Estados, do Distrito Federal e dos Municípios, celebrar acordo, contrato, convênio ou ajuste, bem como receber empréstimo, financiamento, aval ou subvenção em geral de órgão ou entidade da administração indireta da União.

Para proceder ao repasse do fundos de participação, a União deve exigir dos entes federativos os comprovantes de recolhimento de suas contribuições à Previdência referentes aos três meses imediatamente anteriores, inclusive em relação a débitos parcelados.

Em determinadas situações, mesmo estando o contribuinte em débito com a Previdência Social, será emitida Certidão Positiva de Débito com Efeitos de Negativa (CPD-EN). Isso ocorre nos casos de suspensão do crédito tributário, como penhora, parcelamento, depósito judicial, recurso administrativo ou judicial.

A falta de declaração de valores no documento próprio instituído pela legislação previdenciária (GFIP) constitui, também, impeditivo para emissão de CND. Embora a falta de declaração não signifique débito, os legisladores definiram que a CND deve ser obstada pela falta de declaração (art. 32, § 10.º, Lei 8.212/91). Isso pode ser explicado pela importância da GFIP.

O contratante ou o oficial de registro que lavrar ou registrar instrumento sem a observância das situações de exigência de comprovação de regularidade fiscal tornar-se-á responsável solidário ao devedor. Dessa forma, o banco que concede empréstimos, valendo-se de recursos públicos, a empresa devedora da Previdência Social, sem a exigência da apresentação de certidão de regularidade, responde, solidariamente, com o contribuinte beneficiado. Da mesma maneira, o oficial que registra a venda de um imóvel sem exigir a CND torna-se responsável solidário ao devedor.

O servidor, o serventuário da Justiça, o titular de serventia extrajudicial e a autoridade de órgão que infringirem as normas para concessão de CND ficarão sujeitos à pena de multa, sem prejuízo das responsabilidades administrativas e penais cabíveis.

Obrigações fiscais

Definição

A relação entre o fisco e as empresas é regida por uma série de obrigações impostas pela legislação. Todas as imposições devem ser atendidas pelos contribuintes para que se evite a aplicação de penalidades pelo ente fiscalizador.

As obrigações fiscais dividem-se em principais e acessórias. As principais são as de recolher os valores das multas e tributos devidos, enquanto as obrigações acessórias são imposições a que as empresas se submetem por exigência do tributante. Trata-se de obrigações de fazer (positivas) ou deixar de fazer (negativas) que objetivam viabilizar a fiscalização ou garantir a liquidez dos créditos tributários.

No que tange à Previdência Social, as empresas têm como obrigação principal o recolhimento das contribuições sociais e de outras importâncias devidas (multa, juros, etc.) e, ainda, grande número de obrigações acessórias, como a de elaborar mensalmente a folha de pagamento nos padrões exigidos, conforme será visto adiante.

As **obrigações principais previdenciárias não cumpridas** (inadimplência) devem ser cobradas pelo órgão responsável pela administração do sistema (INSS/SRP), acrescidas de juros de mora e multa. No curso de uma fiscalização, o auditor-fiscal da Previdência Social cobrará das empresas as contribuições devidas, possibilitando, primeiramente, que elas recolham ou parcelem seus débitos; caso contrário, efetuarão o lançamento do crédito tributário mediante Notificação Fiscal de Lançamento de Débito (NFLD).

As **obrigações acessórias descumpridas** serão penalizadas pelo auditor-fiscal da Previdência Social com a lavratura do auto de infração (AI).

Obrigações acessórias

Arts. 225 e 283 a 289, Decreto 3.048/99

A título exemplificativo, as principais obrigações acessórias da empresa são:

a) preparar folha de pagamento mensal da remuneração de todos os segurados a seu serviço, mantendo, em cada estabelecimento, uma via desta e recibos de pagamento;

b) elaborar a GFIP (documento de declaração mensal de valores devidos à Previdência Social) e entregá-la à Caixa Econômica Federal, em meio digital ou pela Internet, até o dia 7 do mês subseqüente aos fatos geradores; nesse mesmo documento, é efetuado o recolhimento do FGTS dos empregados;

c) lançar, mensalmente, em títulos próprios de sua contabilidade, de forma discriminada, os fatos geradores de todas as contribuições, o montante das quantias descontadas, as contribuições da empresa e os totais recolhidos;

d) emitir Comunicação de Acidente de Trabalho (CAT) à Previdência Social relacionando os acidentes de trabalho com seus empregados e avulsos até o primeiro dia útil posterior à ocorrência e, em caso de morte, de imediato;

e) descontar da remuneração paga aos segurados a seu serviço importância devida à Seguridade Social.

Observação

*Se a empresa estiver **em débito** com a Seguridade Social, **não pode distribuir lucros ou dividendos aos acionistas** nem dar ou atribuir cota ou participação nos lucros a sócio cotista, diretor ou outro membro do órgão dirigente, fiscal ou consultivo, ainda que a título de adiantamento.*

Obrigação principal

Arts. 238 a 245, Decreto 3.048/99

A obrigação principal previdenciária consiste em recolher as contribuições sociais devidas **no prazo fixado pela legislação**. Em caso de atraso no cumprimento dessa obrigação, o contribuinte fica sujeito ao pagamento de juros de mora e à pena de multa.

JUROS DE MORA

As contribuições sociais e outras importâncias arrecadadas pela Previdência Social pagas em atraso ficam sujeitas aos juros de mora, de caráter irrelevável, conforme as seguintes regras (art. 239, II, Decreto 3.048/99):

- 1% no mês de vencimento;
- taxa Selic nos meses intermediários;
- 1% no mês de pagamento.

Exemplo: a empresa devia efetuar o recolhimento de uma contribuição no dia 10 de abril. Fazendo-o depois dessa data, mas ainda no mês de abril, pagará 1% a título de juros de mora. Se, no entanto, recolher em qualquer dia do mês seguinte (maio), liquidará o débito com acréscimo de 2% – 1% referente ao mês de vencimento (abril) e 1% relativo ao mês de pagamento (maio). Caso pague seu débito no mês de julho, pagará juros de mora de 2%, referentes aos meses de vencimento (abril) e de pagamento (julho), somados com a taxa Selic dos meses de maio e junho (intermediários).

Os juros de mora pagos pelas empresas não poderão ser inferiores a 1% ao mês, ou seja, quando a taxa Selic mensal for inferior a 1%, os juros cobrados devem atingir esse percentual.

MULTA MORATÓRIA

As contribuições sociais e outras importâncias arrecadadas pelo INSS/SRP pagas em atraso ficam sujeitas à multa variável, de caráter irrelevável, nos seguintes percentuais (art. 239, III, Decreto 3.048/99):

a) Para pagamento após o vencimento de obrigação não incluída em NFLD:
- 8% no mês de vencimento da obrigação;
- 14% no mês seguinte ao vencimento;
- 20% a partir do segundo mês seguinte ao do vencimento da obrigação.

Observe-se que o maior percentual de multa a ser aplicado à empresa que não foi fiscalizada é de 20%, mesmo que o atraso se estenda por dezenas de meses.

b) Para o pagamento de obrigação incluída em NFLD:
- 24% até 15 dias do recebimento da notificação;
- 30% após o 15.º dia da apresentação da notificação;
- 40% após 15 dias da ciência da decisão do Conselho de Recursos da Previdência Social (CRPS);
- 50% após o 15.º dia da ciência da decisão do CRPS.

Então, o débito incluído em NFLD contra o qual o contribuinte não apresente recurso ou efetue o pagamento antes da decisão do CRPS tem o percentual incidente máximo de 30%.

Logicamente, caso o contribuinte não interponha recurso e não liquide o débito, este será inscrito em dívida ativa, aumentando o percentual da multa.

c) Para pagamento do crédito inscrito em dívida ativa:
- 60% quando não tenha sido objeto de parcelamento;
- 70% se houve parcelamento;
- 80% após o ajuizamento da ação de execução fiscal, se o crédito não foi objeto de parcelamento;
- 100% após o ajuizamento da execução fiscal, se o crédito foi objeto de parcelamento.

A legislação considera agravante o fato de o débito ter sido incluído em parcelamento e, mesmo assim, não ter sido recolhido.

Caso o contribuinte deseje liquidar o débito por meio de parcelamento, o percentual da multa será acrescido de 20%. Desejando, então, parcelar um débito que esteja atrasado por 15 meses, sem, contudo, estar incluído em NFLD, o percentual da multa será de 24% (20%, pois o débito foi liquidado após dois meses do vencimento, + 20% x 20% de acréscimo, em razão do parcelamento).

As **multas** por recolhimento fora do prazo **não se aplicam às pessoas jurídicas de direito público, às massas falidas e às missões diplomáticas** estrangeiras no Brasil e seus respectivos membros.

Na hipótese de as contribuições terem sido declaradas na GFIP ou quando se tratar de contribuintes dispensados de apresentar esse documento, a multa de mora será reduzida em 50%. Nesse caso, a multa inicial passa de 8% para 4%, a multa por pagamento no mês seguinte ao vencimento é reduzida de 14% para 7% e assim por diante.

PARCELAMENTO DE CONTRIBUIÇÕES

Arts. 38, Lei 8.212/91, e 244, Decreto 3.048/99

As contribuições e demais importâncias devidas à Seguridade Social e não recolhidas até a data de vencimento, incluídas ou não em NFLD, depois de verificadas e confessadas, poderão ser objeto de acordo para pagamento parcelado em moeda corrente em até **60 meses sucessivos**, observado o **número máximo de até quatro parcelas mensais para cada competência**. Podem ser parceladas não apenas as contribuições previdenciárias, mas também as destinadas a outras entidades e fundos (terceiros).

> **Exemplo:** a empresa que deve R$ 100.000,00, relativos à competência de agosto de 2003, somente poderá efetuar o parcelamento em quatro vezes, por ter tal débito sido constituído em uma única competência. Se, entretanto, o débito fosse referente ao período de janeiro a agosto de 2003 (oito meses), poderia ser dividido em até 32 parcelas. Para ter a possibilidade de parcelar o valor devido em 60 meses, é preciso que o débito se refira a, no mínimo, 15 competências (15 meses x 4 = 60 parcelas).

Não poderão ser objeto de parcelamento as contribuições descontadas dos segurados, as decorrentes de sub-rogação na compra de produtos rurais diretamente de pessoas físicas ou de segurados especiais **e as importâncias retidas dos prestadores de serviço**.

As empresas e segurados que tenham sido condenados por sentença transitada em julgado, por obter vantagens ilícitas em prejuízo da Seguridade Social e de suas entidades, não poderão parcelar seus débitos durante o período de cinco anos da condenação final. O parcelamento de débito de empresas cuja falência tenha sido decretada também não é permitido.

O **deferimento** do parcelamento fica **condicionado ao pagamento da primeira parcela do acordo**. Somente após essa liquidação é que a exigibilidade do crédito tributário estará suspensa. Não sendo paga a primeira parcela, proceder-se-á à inscrição na dívida ativa para posterior cobrança judicial, se for o caso.

A legislação previdenciária **admite o reparcelamento apenas por uma única vez**. Sendo descumprido o acordo de parcelamento com a inadimplência de parcelas, resta ao contribuinte, ainda, a opção por novo parcelamento. Saliente-se que, na hipótese de parcelamento ou reparcelamento, a multa a ser paga será acrescida de 20%.

Ao valor de cada prestação mensal decorrente de parcelamento serão acrescidos juros equivalentes à taxa Selic, acumulada mensalmente, calculados a partir do primeiro dia do mês da concessão do parcelamento até o mês anterior ao do pagamento, e a 1% relativamente ao mês do pagamento da parcela.

Em Resumo

Outros Temas Relacionados ao Custeio Previdenciário

Retenção dos 11% dos prestadores de serviço	Na empreitada ou na cessão de mão-de-obra	Limpeza, conservação ou zeladoria, vigilância ou segurança, construção civil, natureza rural, digitação e preparação de dados para processamento.
	Somente na cessão de mão-de-obra	Acabamento, embalagem, acondicionamento, cobrança, coleta de lixo, copa, hotelaria, manutenção, montagem, portaria, recepção ou ascensorista, telemarketing, etc.
Reembolso, compensação ou restituição	Reembolso	Atualmente, ocorre para os benefícios de salário-família e salário-maternidade, os quais a empresa paga diretamente aos segurados.
	Compensação e restituição	A restituição deve ser protocolada na SRP e analisada pelo auditor-fiscal. Os valores são corrigidos com 1% nos meses do pagamento indevido e da compensação/restituição e taxa Selic nos meses intermediários. O valor de terceiros não pode ser objeto de compensação. A compensação de valores pagos a maior ou indevidamente sujeitam-se ao limite de 30% do valor devido em cada mês.
Certidão Negativa de Débito (CND)	Situações de exigência básicas	Na contratação com o Poder Público. Na alienação de bem imóvel. Na alienação de bem móvel de valor superior ao estabelecido em lei. No registro de alteração contratual e estatutária ou no encerramento das atividades da empresa.
	Exigências na construção civil	Para registrar a obra (proprietário). Para registrar o memorial e a obra (incorporador).
	Produtor rural	Para obter financiamento com recursos públicos.
	Órgão público	Para obter o repasse dos fundos de participação.
Obrigações fiscais	Acessórias	Elaborar a folha de pagamento. Elaborar a GFIP. Lançar em títulos próprios Emitir a CAT.

(Continua)

(Continuação)

Obrigações fiscais	Acessórias	Não distribuir lucro, estando em débito com a seguridade. Efetuar o desconto dos segurados.
	Principais	Recolher as contribuições previdenciárias, sujeitas a multa variável de 8% até 100%, podendo os percentuais ser reduzidos pela metade no caso de valores declarados em GFIP.
Parcelamento	Os débitos podem ser parcelados em 60 vezes, respeitado o limite de quatro vezes por competência. Valores retidos dos segurados não podem ser parcelados.	

Preste Atenção

1. A Certidão Negativa de Débito (CND) não constitui prova absoluta de regularidade fiscal. Em razão do nome desse documento, questões de concursos públicos têm insistido em formular proposições para confundir o candidato, mencionando que a CND constitui prova absoluta de regularidade fiscal. Essa afirmação está errada.

2. O pagamento da participação nos lucros ou resultados (PLR) para os empregados e dirigentes da empresa, estando esta em débito com a Seguridade Social, não constitui infração à legislação previdenciária. Note-se que a PLR e a distribuição de lucros são conceitos diversos. A primeira se destina aos empregados e dirigentes; a outra, aos detentores do capital da empresa, ou seja, sócios e acionistas.

3. A legislação previdenciária não proíbe o parcelamento de débitos relativos à cota dos segurados que não foi descontada pelo empregador. Lembre-se de que as contribuições dos trabalhadores presumem-se retidas pelo contratante, devendo o fisco cobrar dos empregadores tanto a parte patronal quanto a contribuição dos segurados, independentemente de ter havido o desconto.

10

Conceitos Introdutórios sobre Plano de Benefícios

As contribuições previdenciárias arrecadadas são destinadas, exclusivamente, ao pagamento dos benefícios da Previdência Social. Neste capítulo, apresentam-se os beneficiários do RGPS e os conceitos básicos para a compreensão dos benefícios previdenciários.

Beneficiários do RGPS

Beneficiários da Previdência Social são as pessoas que podem ser contempladas com algum benefício previdenciário, ou seja, os segurados e seus dependentes.

Os segurados do RGPS são os que exercem atividade remunerada de filiação obrigatória ou os que, mesmo não as exercendo, optam pela inclusão no sistema de proteção social, como já estudado nesta obra. Eles contribuem para o custeio do sistema e, em contrapartida, têm direito a usufruir os benefícios e serviços por ele oferecidos. Seus dependentes também podem se beneficiar das prestações disponibilizadas pelo RGPS, sem que para isso necessitem contribuir para a Previdência. Eles são favorecidos pelos recolhimentos dos segurados dos quais dependem. As categorias de dependentes serão estudadas ainda neste capítulo.

Manutenção e perda da qualidade de segurado

Arts. 15, Lei 8.213/91, e 13 e 14, Decreto 3.048/99

O RGPS permite que o segurado passe algum tempo sem efetuar seus recolhimentos, mantendo, mesmo assim, a condição de beneficiário do sistema. Muito injusto seria se um segurado que contribuiu durante vários anos, tendo, por descuido, deixado de efetuar apenas uma contribuição, fosse, justamente nesse mês, acometido de doença incapacitante e não obtivesse a cobertura previdenciária.

O período em que o segurado pode deixar de recolher contribuições sem perder seus direitos é chamado **período de graça**, que, como demonstrado, objetiva dar, por algum tempo, proteção ao trabalhador filiado ao sistema.

As situações que garantem a manutenção da qualidade de segurado, independentemente de contribuições, são:

1. **Sem limite de prazo**, quem está em gozo de benefício.
   Observe-se que não há qualquer limite de prazo mesmo que o recebimento do benefício se prolongue por vários anos.
2. **Até 12 meses após a cessação de benefício por incapacidade** (auxílio-doença ou aposentadoria por invalidez) **ou após a cessação das contribuições**, o segurado que deixar de exercer atividade remunerada abrangida pela Previdência Social ou estiver suspenso ou licenciado sem remuneração.
   Note-se que:
   - Nos casos de benefício por incapacidade, mesmo após a cessação da prestação, o segurado continua filiado por um período de 12 meses. O prazo poderá alcançar até 24 meses se o segurado já contar com 120 contribuições mensais (10 anos) sem interrupções que tenham acarretado a perda da qualidade de segurado.
   - O segurado que deixou de exercer atividade remunerada pode usufruir os benefícios previdenciários por período de 12 meses. Para o segurado que já tiver efetuado mais de 120 recolhimentos mensais (10 anos), sem interrupções que acarretem perda da qualidade de segurado, o prazo será prorrogado para até 24 meses.
   - Se a interrupção da atividade ocorreu em decorrência de situação de desemprego, devidamente informada aos órgãos dos Ministérios do Trabalho e Emprego (MTE) e da Previdência Social, o prazo será acrescido de mais 12 meses. O prazo aqui tratado poderá alcançar até 36 meses na situação dos segurados desempregados registrados no MTE que possuam mais de 120 meses (10 anos) de contribuição.
3. **Até 12 meses após a cessação da segregação**, o segurado acometido de doença de segregação compulsória.
   Este inciso abrange quem tenha sofrido doença epidemiológica para a qual a vigilância sanitária obriga o isolamento com o intuito de evitar a difusão da contaminação.

4. **Até 12 meses após o livramento ou fuga**, o segurado detido ou recluso. Observe-se que, mesmo no caso de fuga do segurado detido ou recluso, terá ele direitos previdenciários durante o período de 12 meses.
5. **Até três meses após o licenciamento**, o segurado incorporado às Forças Armadas para prestar serviço militar.
6. **Até seis meses após a interrupção das contribuições**, o segurado facultativo.

Atente-se para o fato de que, em todas as outras situações, o "período de graça" é de 12 meses, podendo, em alguns casos, ser acrescentado de iguais períodos. Para os militares licenciados e para os segurados facultativos que deixarem de efetuar recolhimentos, os prazos de manutenção da qualidade de segurado são de, respectivamente, três e seis meses.

Durante o "período de graça", o segurado pode obter todos os benefícios previdenciários, exceto o auxílio-acidente (art. 104, § 7º, Decreto 3.048/99).

A legislação previdenciária mencionava que o salário-maternidade somente seria devido à empregada, enquanto houver relação de emprego (antiga redação do art. 97, Decreto 3.048/99).

Foi ajuizada pelo Ministério Público Federal ação civil pública com a finalidade de obrigar o INSS a reconhecer o direito das desempregadas à concessão do salário-maternidade. No mês de agosto de 2004, a Autarquia foi compelida a conceder o benefício, nesta situação, por força de decisão liminar. Em fevereiro de 2005, todavia, os efeitos desta decisão foram suspensos, logo o INSS interrompeu o pagamento das prestações (ACP 2004.51.02.001.662-4, 1ª vara Federal/TRF2).

Felizmente, o Governo decidiu corrigir esta injustiça ocasionada pela vedação de concessão do salário-maternidade para seguradas empregadas, durante o período de graça, editando o Decreto 6.122, de 13/06/2007. Tal diploma dispõe que durante o período de graça, a segurada desempregada fará jus ao recebimento do salário-maternidade nos casos de demissão antes da gravidez, ou, durante a gestação, nas hipóteses de dispensa por justa causa ou a pedido, situações em que o benefício será pago diretamente pela previdência social (art. 97, parágrafo único, Dec. 3.048/99).

Note-se que o texto excluiu apenas a possibilidade de pagamento pelo INSS de salário maternidade em caso de dispensa sem justa causa de empregada gestante, uma vez que, nesta situação, a empregada goza de estabilidade, devendo ser reintegrada no emprego ou indenizada pelo empregador com quantia equivalente aos salários correspondentes ao período de estabilidade.

O reconhecimento da perda da qualidade de segurado ocorrerá no dia seguinte ao do vencimento da contribuição do contribuinte individual relativa ao mês imediatamente posterior ao término dos prazos fixados.

Exemplo: Davi, contribuinte individual, após dois anos de contribuição, interrompeu os pagamentos à Previdência Social em 31/12/2004. Recolheu, então, a última contribuição em 15/1/2005, referente ao mês de dezembro de 2004. Quando ele perderá a qualidade de segurado?
Resposta: perceba que Davi poderá ficar sem contribuir pelo prazo de 12 meses, mantendo, mesmo assim, a qualidade de segurado até a competência de dezembro de 2004. Terá, no entanto, de recolher a contribuição referente a janeiro de 2005, sob pena de perder a qualidade de segurado. Para isso, poderá efetuar o recolhimento até o dia 15/2/2005. Portanto, a perda da qualidade de segurado se dará no dia seguinte (16/2) ao do vencimento da contribuição do contribuinte individual relativa ao mês posterior (janeiro) ao término do período de graça (dezembro).

A partir da Lei 10.666, de maio de 2003, a perda da qualidade de segurado não está sendo considerada para efeito de concessão das aposentadorias por tempo de contribuição, especial e por idade. Nesta última, observe-se, é necessário que o segurado conte, na data do requerimento do benefício, com, no mínimo, o número de contribuições mensais exigido para efeito de carência. Esses benefícios podem ser concedidos mesmo que o segurado permaneça durante anos sem efetuar os recolhimentos.

Dependentes dos segurados

Arts. 16, Lei 8.213/91, 16, Decreto 3.048/99

Os dependentes são, também, beneficiários do RGPS, podendo usufruir alguns benefícios previdenciários.

A relação dos dependentes é definida pela legislação previdenciária, que a subdivide em três classes, não cabendo ao segurado a livre indicação de seus dependentes.

Note-se que os dependentes dos segurados não efetuam inscrição prévia no INSS, devendo dirigir-se às agências da Previdência Social, com essa finalidade, apenas no momento do requerimento do benefício a que tiver direito. Os dependentes arrolados na primeira classe terão prioridade na inscrição, seguidos pelos da segunda e, por último, pelos da terceira classe.

- **Primeira classe:**
  a) o **cônjuge**, que pode ser o marido ou a mulher;
  b) a **companheira** e o **companheiro**, que, embora não casados oficialmente, vivam juntos com a intenção de constituir família (união estável), tendo os mesmos direitos dos cônjuges, incluindo, aqui, os **parceiros homossexuais**;
  c) a **ex-mulher** e o **ex-marido** que recebam **pensão alimentícia** (observe-se que estes somente serão considerados dependentes, se a pensão tiver sido judicialmente definida);
  d) o **filho menor de 21 anos**, desde que não emancipado, salvo se a emancipação decorreu de colação de grau em curso superior (a emancipação pode ocorrer pelo casamento, pela concessão dos pais ou pela existência de relação de emprego que garanta o próprio sustento, a partir dos 16 anos);
  e) o **filho inválido de qualquer idade**, devendo a incapacidade ser comprovada por perícia médica do INSS;
  f) equiparados a filho, o **menor tutelado** ou o **enteado** (nesses casos, são necessárias declaração escrita do segurado, comprovação de dependência econômica e, para a tutela, apresentação do respectivo termo).
- **Segunda classe:** os pais, desde que comprovem dependência econômica.
- **Terceira classe:**
  a) irmão menor de 21 anos, não emancipado, desde que comprove dependência econômica;
  b) irmão inválido, de qualquer idade, devendo a incapacidade ser atestada por perícia médica do INSS, desde que comprove dependência econômica.

Note-se que os **dependentes da primeira classe** têm a **dependência econômica** em relação ao segurado **presumida** pela legislação, exceto os equiparados a filho (enteado ou tutelado). Os **dependentes da segunda e terceira classes** devem **comprovar a dependência econômica** para ter direito aos benefícios previdenciários.

Embora existam discussões a respeito, o INSS, até 07/06/06, não aceitava a inscrição do menor sob guarda judicial, por falta de previsão legal, salvo nos Estados de São Paulo, Minas Gerais, Tocantins e Sergipe em virtude de Ações Civis Públicas (IN 106/04). A decisão judicial proferida na Ação Civil Pública 97.0057902-6, em trâmite na 7ª Vara Federal de São Paulo/SP, todavia, ampliou a obrigatoriedade de reconhecimento pelo INSS do menor sob guarda como dependente previdenciário, em todo o território nacional. Com isso, o INSS editou a IN 09 –INSS/PRES, de 08/08/06, regulando o reconhecimento do menor sob guarda, em âmbito nacional, retroagindo o início dos efeitos do ato para o dia 08/06/06.

O irmão ou o filho maior inválido farão jus à pensão desde que exame médico-pericial conclua que a invalidez ocorreu em data anterior ao óbito do segurado e o requerente não se tenha emancipado até a data da invalidez.

O regulamento da Previdência Social somente considera união estável aquela verificada entre o homem e a mulher como entidade familiar, quando forem solteiros, separados judicialmente, divorciados ou viúvos, ou tenham prole em comum, enquanto não se separarem.

Registre-se que a situação ora analisada diz respeito ao estado civil do dependente companheiro/companheira, e não ao do segurado. Isso porque não existe obstáculo legal para que o segurado casado (mas separado de fato) gere benefício previdenciário em favor de sua companheira.

Carência

Arts. 24 a 27, Lei 8.213/91, e 26 a 30, Decreto 3.048/99

Carência é o número de contribuições mensais necessárias para efetivação do direito a um benefício.

Percebe-se que o conceito de carência **não se confunde com o de tempo de contribuição**. A carência é contada mês a mês, enquanto o tempo de contribuição admite recolhimentos em atraso.

Como visto, os segurados obrigatórios podem recolher suas contribuições retroativamente, desde que comprovem o exercício da atividade. Deve-se lembrar que a filiação para esses segurados é decorrente de seu trabalho. Um segurado, pois, que efetua, no mês de novembro, 20 contribuições relativas a períodos anteriores, contará com 20 meses de contribuição e somente um de carência.

A contribuição sobre o 13.º salário não é considerada para efeito de carência. Se a carência é o número de contribuições mensais para fazer jus aos benefícios, não há sentido considerar o recolhimento da contribuição sobre a gratificação natalina para efeito de carência, pois o ano possui somente 12 meses.

Dessa ótica, os benefícios sujeitos à carência são:

1. **Auxílio-doença e aposentadoria por invalidez:** 12 contribuições mensais. Essa carência, contudo, é dispensada nos seguintes casos:
   a) acidente de qualquer natureza ou causa, doença profissional ou do trabalho;

b) doenças e afecções especificadas em lista elaborada pelos Ministérios da Saúde e da Previdência Social, a cada três anos, de acordo com os critérios de estigma, deformação, mutilação, deficiência ou outro fator que lhe confira especificidade e gravidade que mereçam tratamento particularizado. Obviamente, o segurado deve ter contraído alguma das doenças constantes da referida lista, depois de filiar-se ao RGPS.

2. **Aposentadoria por idade, por tempo de contribuição e especial:** 180 contribuições mensais.
3. **Salário-maternidade para as seguradas contribuinte individual, especial e facultativa:** 10 contribuições mensais. Em caso de parto antecipado, o período de carência será reduzido em número de contribuições equivalente ao número de meses em que o parto foi antecipado. Note-se que apenas as seguradas contribuintes individuais, especiais e facultativas necessitam cumprir carência para ter direito ao salário-maternidade. Para as empregadas, empregadas domésticas e avulsas, não é exigida qualquer carência.

A carência será dispensada para o segurado especial que não optar por recolher da mesma forma que o contribuinte individual, desde que comprove o exercício de atividade rural, ainda que de forma descontínua, por período igual ao número de meses necessários à concessão do benefício requerido. Para ter direito ao salário-maternidade, por exemplo, a segurada especial deve comprovar 10 meses de exercício de atividade rural.

Anote-se que os benefícios de pensão por morte, auxílio-reclusão, auxílio-acidente, salário-família e salário-maternidade, para empregadas, avulsas e empregadas domésticas, e, ainda, as exceções já mencionadas do auxílio-doença e aposentadoria por invalidez não exigem qualquer carência.

Para efeito de carência, considera-se presumido o recolhimento das contribuições do segurado empregado, do trabalhador avulso e as descontadas do contribuinte individual que presta serviços a empresas.

Para que as contribuições sejam contadas para efeito de carência, não pode ocorrer a perda da qualidade de segurado. Havendo perda da qualidade de segurado, as contribuições anteriores a essa perda somente eram computadas para efeito de carência depois que o segurado contar, a partir da nova filiação, com, no mínimo, um terço do número de contribuições exigidas para o cumprimento da carência. Ou seja, no caso de auxílio-doença e aposentadoria por invalidez, havendo perda da qualidade do segurado, para que as contribuições anteriores à perda sejam computadas para efeito de carência, são exigidas quatro novas contribuições (um terço de 12, que é a carência exigida). No caso de salário-maternidade são exigidas novas contribuições.

O período de carência é contado:

a) para o segurado empregado e trabalhador avulso, da data de filiação ao RGPS;

b) para o segurado empregado doméstico, contribuinte individual ou especial que opte por recolher como contribuinte individual e facultativo, da data do efetivo recolhimento da primeira contribuição sem atraso;

c) para o segurado especial que não contribua facultativamente como contribuinte individual, da data do efetivo exercício da atividade rural, mediante comprovação.

d) para o segurado contribuinte individual, facultativo e empregado doméstico que efetuam recolhimento trimestral, da data da inscrição e, certamente, cada contribuição contará por três meses de carência.

Por último, saliente-se que as contribuições vertidas para regime próprio de previdência social serão consideradas, para todos os efeitos, inclusive para os de carência, para os segurados que se desvinculem desse regime filiando-se ao RGPS.

Salário-de-benefício

Arts. 28 a 32, Lei 8.213/91, e 31 a 34, Decreto 3.048/99

A base de cálculo dos benefícios do RGPS é o salário-de-benefício. A partir dessa base é que será calculado o efetivo valor da renda mensal do benefício previdenciário, por meio de aplicação de percentuais, dependendo do benefício.

Traçando um paralelo, o salário-de-benefício está para o valor do benefício, assim como o salário-de-contribuição está para o valor da contribuição. Para determinar o efetivo valor do recolhimento, é preciso aplicar percentuais sobre o salário-de-contribuição (alíquotas), de acordo com a categoria do segurado. O mesmo ocorre com o salário-de-benefício, pois, para determinar a exato valor do benefício, é, ainda, necessário valer-se da aplicação de percentuais, dependendo do benefício a ser calculado.

Dessa forma, o salário-de-benefício consiste em:

a) para a aposentadoria por idade e tempo de contribuição: média aritmética simples dos 80% maiores salários-de-contribuição de todo o período contributivo, multiplicado pelo fator previdenciário; o fator é obrigatório para a aposentadoria por tempo de contribuição e facultativo na por idade;

b) para a **aposentadoria especial, por invalidez, auxílio-doença e auxílio-acidente**: média aritmética simples dos 80% maiores salários-de-contribuição de todo o período contributivo;

Percebe-se que o salário-de-contribuição de alguns benefícios será calculado a partir da média dos 80% maiores salários-de-contribuição de todo o período contributivo do segurado. Isso quer dizer, então, que, se um segurado tiver 30 anos de contribuição, serão contados os maiores 24 anos para efeito de benefício?

Não é bem assim. A Lei 9.876/99 definiu que **somente entrarão na base de cálculo as contribuições efetuadas a partir da competência de julho de 1994**. As competências anteriores são, assim, desprezadas para o cálculo dos benefícios. Note-se que essa competência foi a que instituiu, oficialmente, o Plano Real. O legislador visou, possivelmente, à facilitação dos cálculos de correção dos salários-de-contribuição para efeito do salário-de-benefício.

Como se pode perceber do aqui exposto, para proceder ao cálculo do valor de alguns dos benefícios previdenciários, **o salário-de-benefício não é utilizado**. São eles:

- **Salário-família** – O valor desse benefício equivale a uma cota fixa por filho menor de 14 anos ou inválido, de qualquer idade.
- **Salário-maternidade** – É calculado de forma diferenciada, sem considerar todo o período contributivo. A segurada empregada, por exemplo, recebe o valor da última remuneração recebida. Os detalhes dessa sistemática serão vistos em tópico próprio.
- **Pensão por morte e auxílio-reclusão** – A legislação previdenciária não vinculou a forma de cálculo desses benefícios diretamente ao salário-de-benefício. Entretanto, indiretamente, seus valores estão relacionados com esse conceito.

O valor do salário-de-benefício não poderá ser inferior ao salário mínimo nem superior ao limite máximo do salário-de-contribuição na data de início do benefício.

Observe-se que não há impedimento para que os benefícios que não substituam a remuneração sejam pagos com valores inferiores ao salário mínimo, como ocorre com o salário-família e o auxílio-acidente, mesmo porque, para o cálculo do valor desses benefícios, não é utilizado o salário-de-benefício.

Se o segurado tiver recebido benefícios por incapacidade (aposentadoria por invalidez ou auxílio-doença), o salário-de-benefício utilizado no cálculo do valor do benefício será considerado como salário-de-contribuição, para a concessão de novos benefícios.

O valor mensal do auxílio-acidente integra o salário-de-contribuição, para fins de cálculo do salário-de-benefício de qualquer aposentadoria. Saliente-se que o auxílio-acidente é o benefício concedido pelo INSS como forma de "indenização" por acidentes que resultaram em seqüelas para o segurado, não o impedindo, entretanto, de exercer o trabalho. O salário-de-benefício do auxílio-acidente será, então, incorporado ao salário-de-contribuição mensal do trabalhador, influenciando, dessa maneira, o valor da sua aposentadoria.

Para o cálculo do salário-de-benefício, o INSS utiliza as informações constantes de seu cadastro, levando em conta apenas as competências a partir de julho de 1994. Caso haja discordância, o beneficiário deve apresentar documentação-suporte para que sejam alteradas as informações no sistema do INSS.

O fator previdenciário é utilizado como multiplicador da média aritmética simples dos 80% maiores salário-de-contribuição, nas aposentadorias por idade (facultativamente) e tempo de contribuição (obrigatoriamente). **O fator pode ter valor maior ou menor que o número 1**. Sendo maior, elevará o valor do salário-de-benefício; caso seja menor, ocorrerá o contrário.

A fórmula de cálculo do fator previdenciário é a seguinte:

$$F = \frac{Tc \times a}{Es} \times \left[\frac{1 + (Id + Tc \times a)}{100}\right]$$

em que:

F = fator previdenciário
Tc = tempo de contribuição
a = alíquota fixa, correspondente a 0,31
Es = expectativa de sobrevida
Id = idade no momento da aposentadoria

Percebe-se que o fator previdenciário é influenciado pelo tempo de contribuição, pela idade do segurado e pela expectativa de sobrevida no momento da aposentadoria.

A idade e o tempo de contribuição encontram-se no numerador da fórmula de cálculo do fator, ou seja, quanto maiores a idade e o tempo de contribuição, maior será o valor do benefício. Já a expectativa de sobrevida, baseada em tabela do IBGE, está no denominador da fórmula; logo, quanto maior a expectativa de sobrevida, menor será o benefício.

Essa fórmula foi concebida para as aposentadorias com 35 anos de contribuição. Como a mulher e o professor do sexo masculino têm redução de cinco anos no tempo de contribuição para aposentadoria, podendo requerer o benefício após 30 anos de contribuição, e a professora tem redução de dez anos, podendo aposentar-se com 25 anos de contribuição, serão acrescidos ao Tc, para efeito da aplicação do fator previdenciário, os seguintes valores:

- cinco anos, quando se tratar de mulher;
- cinco anos, quando se tratar de professor que comprove exclusivamente tempo de efetivo exercício das funções de magistério na educação infantil e no ensino fundamental e médio;
- dez anos, quando se tratar de professora que comprove exclusivamente tempo de efetivo exercício das funções de magistério na educação infantil e nos ensinos fundamental e médio.

Renda mensal do benefício

Arts. 33 a 40, Lei 8.213/91, e 35 a 39, Decreto 3.048/99

A renda mensal do benefício é o valor que efetivamente "entra no bolso" do beneficiário. No tópico anterior, mencionou-se que, para encontrar o valor do benefício efetivamente recebido pelo beneficiário, é necessário aplicar um percentual sobre o salário-de-benefício.

A renda mensal do benefício, então, será calculada aplicando-se sobre o salário-de-benefício (SB) os seguintes percentuais:

a) **auxílio-doença: 91%** do SB;
b) **aposentadoria por invalidez: 100%** do SB;
c) **aposentadoria por idade: 70%** do SB + **1%** deste por grupo de 12 contribuições mensais, até o máximo de 30% (um segurado que se aposente por idade, contando com 25 anos de contribuição, terá a renda mensal de 95% do salário-de-benefício);
d) **aposentadoria por tempo de contribuição:**
   . **100%** do SB para a **mulher** aos **30 anos** de contribuição;
   . **100%** do SB para o **homem** aos **35 anos** de contribuição;
   . **100%** do SB para o **professor** aos **30 anos** e para a **professora** aos **25 anos** de contribuição e de efetivo exercício em função de magistério na educação infantil, no ensino fundamental ou no ensino médio;
e) **aposentadoria especial: 100%** do SB;
f) **auxílio-acidente: 50%** do SB.

O valor mensal da pensão por morte ou do auxílio-reclusão será de 100% do valor da aposentadoria que o segurado recebia ou daquela a que teria direito se estivesse aposentado por invalidez, na data de seu falecimento.

A renda mensal do benefício de prestação continuada que substituir o salário-de-contribuição ou o rendimento do trabalho do segurado não terá valor inferior ao do salário mínimo nem superior ao do limite máximo do salário-de-contribuição, salvo nos casos de aposentadoria por invalidez, em que o segurado necessite de assistência permanente de outra pessoa, situação em que o valor do benefício será acrescido de 25%, podendo, inclusive, ultrapassar o teto do salário-de-contribuição.

Como já dito diversas vezes nesta obra, os benefícios dos segurados especiais, que substituem a remuneração do trabalho, são fixados em um salário mínimo, desde que eles comprovem o exercício de atividade rural, ainda que de forma descontínua, no período imediatamente anterior ao requerimento do benefício, igual ao número de meses correspondentes à carência do benefício requerido.

É devido abono anual ao segurado e ao dependente da Previdência Social que, durante o ano, recebeu auxílio-doença, auxílio-acidente, aposentadoria, salário-maternidade, pensão por morte ou auxílio-reclusão.

O abono anual equivale ao "13.º pago" pelo INSS, quando os segurados estão em gozo de benefício. Esse abono, ao contrário do 13.º salário decorrente do trabalho, deve ser pago a todas as categorias de segurado, e não apenas aos segurados empregados.

Em Resumo

Conceitos Introdutórios sobre Plano de Benefícios

Manutenção da qualidade de segurado	Sem limite de prazo, quem estiver em gozo de benefício. Até 12 meses após a cessação de benefício por incapacidade ou 12 meses após a cessação das contribuições. Até 12 meses após a cessação da segregação, o segurado acometido de doença de segregação compulsória. Até 12 meses após o livramento ou fuga, o segurado detido ou recluso. Até três meses após o licenciamento, o segurado incorporado às Forças Armadas para prestar serviço militar. Até seis meses após a interrupção das contribuições, o segurado facultativo.	
Dependentes dos segurados	Primeira classe	Cônjuge, companheiro(a), ex-cônjuge que receba pensão alimentícia, filho menor de 21 anos ou inválido, tutelado, enteado e menor sob guarda judicial.
	Segunda classe	Os pais.
	Terceira classe	Irmão menor de 21 anos ou inválido.
Carência	Auxílio-doença e aposentadoria por invalidez: 12 contribuições mensais. Aposentadoria por idade, por tempo de contribuição e especial: 180 contribuições mensais. Salário-maternidade para as seguradas contribuinte individual, especial e facultativa: 10 contribuições mensais.	
Salário-de-benefício (SB)	Aposentadoria por idade e tempo de contribuição: média aritmética simples dos 80% maiores salários-de-contribuição de todo o período contributivo, multiplicado pelo fator previdenciário. Aposentadoria especial, por invalidez, auxílio-doença e auxílio-acidente: média aritmética simples dos 80% maiores salários-de-contribuição de todo o período contributivo.	
Renda mensal do benefício	Auxílio-doença: 91% do SB. Aposentadoria por invalidez, por tempo de contribuição e especial: 100% do SB. Aposentadoria por idade: 70% do SB + 1% deste por grupo de 12 contribuições mensais. Auxílio-acidente: 50% do SB.	

PRESTE ATENÇÃO

1. A carência é dispensada em caso de acidente de qualquer natureza. Não há, então, a exigência de que o acidente seja de trabalho para que haja dispensa de carência. Note-se que as doenças profissionais e do trabalho (LER, DORT, etc.) também excluem a carência.

2. Questões de concursos públicos têm mencionado que o salário-de-benefício consiste na média de 80% do salário-de-contribuição de todo o período contributivo, sem, entretanto, mencionar que somente serão contadas as competências a partir de julho de 1994. Como transcrevem exatamente o texto legal, **essas proposições têm sido consideradas certas pelas bancas examinadoras**.

3. Freqüentemente questões de concursos públicos têm cobrado essa matéria, geralmente mencionando que **jamais** os benefícios podem ser pagos em valores superiores ao limite máximo do salário-de-contribuição. Como visto, essa proposição é errada, pois existe a exceção do aposentado por invalidez que necessite de assistência permanente de outra pessoa.

11

BENEFÍCIOS DA PREVIDÊNCIA SOCIAL

Este capítulo abordará cada um dos benefícios previdenciários disponibilizados pelo RGPS.

Os benefícios previdenciários são prestações pagas, em dinheiro, aos trabalhadores ou a seus dependentes. Alguns deles substituem a remuneração do trabalhador que ficou, por algum motivo, impedido de exercer sua atividade. Outros são oferecidos como complementação de rendimento do trabalho ou, mesmo, independentemente do exercício da atividade.

Para facilitar o estudo dos benefícios da Previdência Social, propõe-se a seguinte divisão:

1. Pagos aos segurados
- **a)** Aposentadorias
  - Aposentadoria por invalidez
  - Aposentadoria por idade
  - Aposentadoria por tempo de contribuição
  - Aposentadoria especial
- **b)** Salários
  - Salário-família
  - Salário-maternidade
- **c)** Auxílios
  - Auxílio-doença
  - Auxílio-acidente

2. Pagos aos dependentes
- **a)** Pensão por morte
- **b)** Auxílio-reclusão

Benefícios pagos aos segurados

Aposentadorias

APOSENTADORIA POR INVALIDEZ

Arts. 42 a 47, Lei 8.213/91, e 43 a 50, Decreto 3.048/99

A aposentadoria por invalidez será devida ao segurado que, **estando ou não em gozo de auxílio-doença**, for considerado incapaz para o trabalho e insuscetível de reabilitação para o exercício de atividade que lhe garanta a subsistência, sendo-lhe paga enquanto permanecer nessa condição. A concessão dependerá da verificação da condição de incapacidade, mediante exame médico-pericial a cargo da Previdência Social, podendo o segurado, a suas expensas, fazer-se acompanhar de médico de sua confiança. Obviamente, a doença ou lesão de que o segurado já era portador ao filiar-se ao RGPS não lhe conferirá direito à aposentadoria por invalidez, **salvo quando a incapacidade sobrevier por motivo de progressão ou agravamento dessa doença ou lesão**.

A carência para a concessão da aposentadoria por invalidez é de 12 contribuições mensais, sendo, contudo, dispensada nos casos de acidente de qualquer natureza ou causa, doença profissional ou do trabalho e de doenças e afecções especificadas em lista elaborada pelos Ministérios da Saúde e da Previdência Social, a cada três anos.

Como visto, o salário-de-benefício da aposentadoria por invalidez é calculado pela média dos 80% maiores salários-de-contribuição, sem a utilização do fator previdenciário, e a renda mensal do benefício equivale a 100% do salário-de-benefício.

A renda mensal inicial da aposentadoria por invalidez, concedida por transformação de auxílio-doença, será de 100% do salário-de-benefício que serviu de base para o cálculo da renda mensal inicial do auxílio-doença, reajustado pelos mesmos índices de correção dos benefícios em geral.

Para fins de apuração do salário-de-benefício de qualquer aposentadoria precedida de auxílio-acidente, o valor mensal deste será somado ao salário-de-contribuição, antes da aplicação da correção legal, não podendo o total apurado ser superior ao limite máximo do salário-de-contribuição.

A aposentadoria por invalidez será devida ao segurado, quando precedida de auxílio-doença, a partir de sua cessação, ou, concluindo a perícia médica inicial pela existência de incapacidade total e definitiva para o trabalho:

a) ao **segurado empregado**, a partir do 16.º dia do afastamento da atividade ou a partir da entrada do requerimento, se entre o afastamento e a entrada do requerimento decorrerem mais de 30 dias;

b) ao **segurado empregado doméstico, trabalhador avulso, contribuinte individual, especial e facultativo**, a partir da data do início da incapacidade ou da data da entrada do requerimento, se entre essas datas decorrerem mais de 30 dias.

Durante os primeiros 15 dias de afastamento, caberá à empresa pagar ao segurado empregado o salário correspondente. Essa obrigatoriedade não se estende ao empregador doméstico, devendo a Previdência conceder o benefício a partir do início da incapacidade.

Saliente-se que o valor da aposentadoria por invalidez do segurado que necessitar da assistência permanente de outra pessoa será acrescido de 25%, sendo devido ainda que o valor da aposentadoria ultrapasse o limite máximo do salário-de-contribuição. Obviamente, esse acréscimo cessará com a morte do aposentado, não sendo incorporável ao valor da pensão.

O segurado aposentado por invalidez está obrigado, a qualquer tempo, independentemente de sua idade e sob pena de **suspensão** do benefício, a submeter-se a exame médico a cargo da Previdência Social, realizado bienalmente, a processo de reabilitação profissional por ela prescrito e custeado e a tratamento dispensado gratuitamente, exceto o cirúrgico e a transfusão de sangue, que são facultativos.

A concessão de aposentadoria por invalidez, inclusive mediante transformação de auxílio-doença, está condicionada ao afastamento de todas as atividades. O aposentado por invalidez que retornar voluntariamente à atividade terá sua aposentadoria automaticamente **cancelada** a partir da data do retorno, e os valores recebidos indevidamente deverão ser devolvidos à Previdência Social.

O aposentado por invalidez pode, entretanto, ser considerado apto para o trabalho, mediante avaliação do médico-perito do INSS. Verificada, dessa forma, a recuperação da capacidade de trabalho, será observado o seguinte procedimento:

1. Quando a recuperação ocorrer dentro de cinco anos, contados da data do início da aposentadoria por invalidez ou do auxílio-doença que a antecedeu, sem interrupção, o benefício cessará:

   a) de imediato, para o segurado empregado que tiver direito a retornar à função que desempenhava na empresa quando se aposentou, na forma da legislação trabalhista, valendo como documento, para tal fim, o certificado de capacidade fornecido pela Previdência Social;

b) após tantos meses quantos forem os anos de duração do auxílio-doença ou da aposentadoria por invalidez, para os demais segurados.

2. Quando a recuperação for parcial ou ocorrer após cinco anos de afastamento ou, ainda, quando o segurado for declarado apto para o exercício de trabalho diverso do qual habitualmente exercia, a aposentadoria será mantida, sem prejuízo da volta à atividade:

a) em seu valor integral, durante seis meses, contados da data em que for verificada a recuperação da capacidade;

b) com redução de 50%, no período seguinte de seis meses;

c) com redução de 75%, também por igual período de seis meses, ao término do qual cessará definitivamente.

Note-se que, no item 1, é necessário que a recuperação para o trabalho seja completa, pois, sendo parcial, independentemente do prazo em que ela se dê, aplicar-se-á o item 2. Quando a recuperação ocorrer depois de cinco anos, será garantida a "mensalidade de recuperação" por 18 meses.

Durante o período de percepção da mensalidade de recuperação (1b e 2), embora o segurado continue na condição de aposentado, será permitida a volta ao trabalho, sem prejuízo do pagamento da referida mensalidade. Nesse período, não caberá concessão de novo benefício, mas, no período de percepção das parcelas reduzidas, poderá ser concedido novo benefício, sendo facultado ao segurado optar, em caráter irrevogável, entre o benefício e a renda de recuperação.

Por último, a aposentadoria por invalidez pode cessar pela transformação desta em aposentadoria por idade, pela recuperação da capacidade ou pela morte do segurado.

A vantagem em promover a transformação da aposentadoria por invalidez em aposentadoria por idade, para os segurados que já tiverem cumprido as exigências legais, é que, dessa forma, não necessitarão comparecer bianualmente ao INSS para fins de avaliação médico-pericial.

APOSENTADORIA POR IDADE

Arts. 48 a 51, Lei 8.213/91, e 51 a 55, Decreto 3.048/99

A aposentadoria por idade será devida ao segurado que completar **65 anos** de idade, se **homem**, ou **60**, se **mulher**, **reduzidos** esses limites para **60** e **55 anos** de idade para os trabalhadores rurais **homens** e **mulheres**, respectivamente. A redução de cinco anos para os trabalhadores rurais abrange todas as categorias de segurados, bastando, para isso, exercer atividade tipicamente rural. Dessa forma, estão incluídos os empregados rurais, avulsos rurais, contribuintes individuais rurais e o garimpeiro.

A carência para a concessão desse benefício é de 180 contribuições mensais. A comprovação do efetivo exercício de atividade rural para fins de redução da idade exigida será feita em relação aos meses imediatamente anteriores ao requerimento do benefício, mesmo que de forma descontínua, durante período igual ao da carência exigida. Ressalte-se, mais uma vez, que a carência para os segurados especiais é substituída pela comprovação do exercício de atividade rural por período igual ao número de meses correspondente à carência do benefício requerido.

O salário-de-benefício da aposentadoria por idade é calculado pela média dos 80% maiores salários-de-contribuição, com a utilização facultativa do fator previdenciário. O valor do benefício consiste em uma renda mensal de 70% do salário-de-benefício mais 1% deste por grupo de 12 contribuições, não podendo ultrapassar 100% do salário-de-benefício.

A aposentadoria por idade será devida:

a) ao **segurado empregado, inclusive o doméstico**:
- a partir da data do desligamento do emprego, quando requerida até 90 dias depois dela;
- a partir da data do requerimento, quando não houver desligamento do emprego ou quando for requerida após o prazo de 90 dias.

b) aos **demais segurados**, a partir da data da entrada do requerimento.

A aposentadoria por idade pode ser requerida, **compulsoriamente**, pela empresa, desde que o segurado tenha cumprido a carência, quando este completar **70 anos** de idade, se **homem**, ou **65**, se **mulher**. Nesse caso, será garantida ao empregado a indenização prevista na legislação trabalhista, considerada como data da rescisão do contrato de trabalho a imediatamente anterior à do início da aposentadoria.

A aposentadoria por idade poderá ser decorrente da transformação de aposentadoria por invalidez ou auxílio-doença, desde que requerida pelo segurado, observado o cumprimento da carência exigida na data de início do benefício a ser transformado.

O benefício de aposentadoria por idade cessa com a morte do segurado.

APOSENTADORIA POR TEMPO DE CONTRIBUIÇÃO

Arts. 48 a 51, Lei 8.213/91, e 56 a 63, Decreto 3.048/99

A aposentadoria por tempo de contribuição é o benefício devido aos segurados que tiverem contribuído durante 35 anos, se homem, ou 30, se mulher. Esses limites serão reduzidos em cinco anos para o professor que comprove, exclusivamente, tempo de efetivo exercício das funções de magistério na educação infantil e no ensino fundamental, fazendo jus à aposentadoria após 30 anos de contribuição, se homem, ou 25, se mulher.

Saliente-se que o segurado especial que recolhe sua contribuição no momento da comercialização da produção rural não tem direito a essa modalidade de aposentadoria, pois não contribui mensalmente para o custeio do RGPS.

A carência da aposentadoria por tempo de contribuição é de 180 contribuições mensais. O salário-de-benefício é apurado pela média dos 80% maiores salários-de-contribuição, com a utilização **obrigatória** do fator previdenciário, e a renda mensal do benefício é de 100% do salário-de-benefício.

A data do início da aposentadoria por tempo de contribuição segue a mesma regra da aposentadoria por idade, conforme exposto:

a) ao **segurado empregado, inclusive o doméstico**:
- a partir da data do desligamento do emprego, quando requerida até 90 dias depois dela;
- a partir da data do requerimento, quando não houver desligamento do emprego ou quando for requerida após o prazo de 90 dias.

b) aos **demais segurados**, a partir da data da entrada do requerimento.

Não será computado como tempo de contribuição o já considerado para concessão de qualquer aposentadoria do RGPS ou de outro regime de previdência social.

A aposentadoria por tempo de contribuição somente cessa com a morte do segurado.

A Emenda 20/98 tentou cumular os requisitos de idade com tempo de contribuição para as aposentadorias concedidas pelo RGPS sem, contudo, lograr êxito. No entanto, em razão de um erro no processo legislativo, foram aprovadas as regras de transição do novo ordenamento que seria aprovado (acumulação de idade e tempo de contribuição) sem que a própria regra fosse aprovada. Assim, criou-se um absurdo legal: uma regra de transição sem o ordenamento que a justificasse.

De toda forma, segundo a regra de transição, tem direito à aposentadoria proporcional por tempo de contribuição o segurado, inscrito até 16 de dezembro de 1998, que atenda às seguintes exigências cumulativas:

1. Contar com **53 anos de idade**, se **homem**, e **48**, se **mulher**.
2. Contar com **tempo de contribuição** igual, no mínimo, à soma de:
   a) **30 anos**, se homem, e **25**, se mulher;
   b) um período adicional de contribuição (chamado de **pedágio**) equivalente a, no mínimo, **40% do tempo** que, em 16 de dezembro de 1998, faltava para atingir o limite de **30 anos**, se **homem**, ou de **25**, se mulher.

Cumpridos esses requisitos, o valor da aposentadoria proporcional será equivalente a **70%** do valor integral, acrescido de **5%** a cada ano que supere a soma dos itens *a* e *b*.

Essa regra pode ser, em alguns casos, aplicada. Isso porque o prazo exigido em *a* é menor que o atualmente necessário para concessão da aposentadoria. A regra, entretanto, prejudica bastante os segurados, uma vez que não reduz significativamente o tempo de contribuição, mas apenas o valor do benefício.

Exemplo: Deise, em 16 de dezembro de 1998, possuía 20 anos de contribuição e 43 de idade. Por conta da regra de transição, para ter direito à aposentadoria proporcional, ela teria de contribuir até atingir 25 anos de recolhimentos mais um período equivalente a 40% do número de anos faltantes para atingir esse tempo, ou seja, dois anos (40% de cinco anos equivale a dois anos).
Deise, então, deveria contribuir com os cinco anos que faltavam (25 – 20) e, adicionalmente, com dois anos de "pedágio", totalizando sete anos faltantes para sua aposentadoria, ao completar 50 anos de idade. Dessa forma, alcançaria 27 anos de contribuição e 50 anos de idade, tendo direito a uma aposentadoria proporcional a 70% do salário-de-benefício. Se, no entanto, Deise decidisse continuar trabalhando por mais um ano, poderia se aposentar com 75% do salário-de-benefício, pois seriam acrescidos 5% a cada ano que ultrapassasse os requisitos necessários à proporcional.
Para obter a aposentadoria integral pela regra de transição, deveria, além dos sete anos, contribuir por mais seis anos (5% x 6 anos = 30%). Contribuindo, entretanto, por mais três anos, poderia obter a aposentadoria integral sem necessitar utilizar-se da regra de transição, pois teria completado 30 anos de contribuição.

APOSENTADORIA ESPECIAL

Arts. 57 e 58, Lei 8.213/91, e 64 a 70, Decreto 3.048/99

A aposentadoria especial será devida ao segurado empregado, trabalhador avulso e contribuinte individual, este somente quando cooperado filiado à cooperativa de trabalho ou de produção, que tenha trabalhado durante 15, 20 ou 25 anos, conforme o caso, sujeito a condições especiais que prejudiquem a saúde ou a integridade física.

A concessão da aposentadoria especial dependerá de comprovação pelo segurado, perante o INSS, **do tempo de trabalho permanente**, não ocasional nem intermitente, exercido em condições especiais que prejudiquem a saúde ou a integridade física.

O segurado deverá comprovar a efetiva exposição aos agentes nocivos químicos, físicos, biológicos ou associação de agentes prejudiciais à saúde ou à integridade física, pelo período equivalente ao exigido para a concessão do benefício. A legislação previdenciária define os seguintes agentes:

a) **físicos:** os ruídos, as vibrações, o calor, o frio, a umidade, a eletricidade, as pressões anormais, as radiações ionizantes, as radiações não ionizantes;
b) **químicos:** os manifestados por névoas, neblinas, poeiras, fumos, gases, vapores de substâncias nocivas presentes no ambiente de trabalho, absorvidos pela via respiratória, bem como aqueles que forem passíveis de absorção por meio de outras vias;
c) **biológicos:** os microrganismos, como bactérias, fungos, parasitas, bacilos, vírus e rickéttsias, dentre outros.

A relação dos agentes nocivos considerados para fins de concessão de aposentadoria especial consta do Anexo IV do Decreto 3.048/99.

Como é feita a comprovação da exposição permanente, não ocasional nem intermitente, ao agente nocivo?

A comprovação da efetiva exposição do segurado aos agentes nocivos será feita mediante formulário denominado Perfil Profissiográfico Previdenciário (PPP), emitido pela empresa ou por preposto, com base em Laudo Técnico de Condições Ambientais do Trabalho (LTCAT), expedido por médico do trabalho ou engenheiro de segurança do trabalho. Reúne, ainda, informações do Programa de Prevenção de Riscos Ambientais do Trabalho (PPRA) e do Programa de Controle Médico e Saúde Ocupacional (PCMSO).

Caso a empresa forneça equipamentos de proteção individual (EPI) e coletiva (EPC) que eliminem, minimizem ou controlem a exposição a agentes nocivos, não será devida a aposentadoria especial, devendo essa informação constar do PPP.

O aposentado especial que retornar ao exercício de atividade ou operações que o sujeitem aos agentes nocivos, ou nele permanecer, na mesma ou em outra empresa, qualquer que seja a forma de prestação do serviço ou categoria de segurado, terá o benefício cessado. Embora o texto legal fale em cancelamento do benefício, na prática, ele é suspenso, pois, uma vez que o segurado se afaste da atividade, seu benefício é restabelecido. Não há, contudo, qualquer impedimento legal para que o aposentado especial retorne ao trabalho em atividades comuns.

A carência exigida para a aposentadoria especial é de 180 contribuições mensais. O salário-de-benefício é calculado sem a utilização do fator previdenciário, e sua renda mensal é de 100% do salário-de-benefício.

A data de início do benefício é fixada da mesma forma que a da aposentadoria por idade, conforme segue:

a) ao **segurado empregado, inclusive o doméstico**:
- a partir da data do desligamento do emprego, quando requerida até 90 dias depois dela;
- a partir da data do requerimento, quando não houver desligamento do emprego ou quando for requerida após o prazo de 90 dias.

b) aos **demais segurados**, a partir da data da entrada do requerimento.

A aposentadoria especial somente cessa com a morte do segurado.

Para o segurado que houver exercido, sucessivamente, duas ou mais atividades sujeitas a condições especiais prejudiciais à saúde ou à integridade física, sem completar, em qualquer delas, o prazo mínimo exigido para a aposentadoria especial, os respectivos períodos serão somados após conversão, considerando-se a proporcionalidade matemática e a atividade preponderante, de acordo com a seguinte tabela:

Tempo a converter	Multiplicadores		
	Para 15	**Para 20**	**Para 25**
De 15 anos	1,00	1,33	1,67
De 20 anos	0,75	1,00	1,25
De 25 anos	0,60	0,80	1,00

O tempo de trabalho nas atividades expostas a agentes nocivos prejudiciais à saúde e à integridade física do trabalhador poderá ser convertido para fins de concessão de aposentadoria comum. Mesmo contando o segurado com apenas um dia de trabalho exposto a agente nocivo, poderá ser beneficiado com a conversão.

A conversão de tempo de atividade sob condições especiais em tempo de atividade comum dar-se-á conforme exposto nesta tabela:

Tempo a converter	Multiplicadores	
	Mulher (para 30)	**Homem (para 35)**
De 15 anos	2,00	2,33
De 20 anos	1,50	1,75
De 25 anos	1,20	1,40

A legislação previdenciária não permite a conversão de tempo comum para a concessão de aposentadoria especial. O segurado, entretanto, não tem qualquer prejuízo com essa vedação. Isso porque ele pode converter o tempo de exercício em atividade especial para comum, requisitando essa modalidade de aposentadoria.

Salários

SALÁRIO-FAMÍLIA

Arts. 65 a 70, Lei 8.213/91, e 81 a 92, Decreto 3.048/99

O salário-família é o benefício devido ao **segurado empregado** e ao **trabalhador avulso de baixa renda**, na proporção do respectivo número de **filhos ou equiparados, menores de 14 anos, ou inválidos, de qualquer idade**.

Considera-se trabalhador de baixa renda o que recebe remuneração igual ou inferior a R$ 676,27 (Portaria 142/06). Esse valor é atualizado, em regra, anualmente.

Para o pagamento do salário-família em decorrência de filho ou equiparado inválido, essa situação deve ser verificada em exame médico-pericial a cargo da Previdência Social.

Os aposentados por invalidez, os por idade e os demais aposentados, a partir dos 65 anos, se do sexo masculino, e 60, se do feminino, têm direito ao salário-família, pago juntamente com a aposentadoria. Note-se que este é um dos poucos benefícios devidos aos aposentados.

A cota do salário-família consiste em um **valor fixo** pago mensalmente ao segurado por filho que atenda às exigências legais. Existem duas faixas salariais para a concessão desse benefício:

a) R$ 23,08, para o segurado com remuneração mensal não superior a R$ 449,93;

b) R$ 16,26, para o segurado com remuneração mensal superior a R$ 449,93 e igual ou inferior a R$ 676,27.

O salário-família será **pago pela empresa ao empregado**, juntamente com sua remuneração mensal. A empresa deverá compensar-se dos valores despendidos com o pagamento desse benefício na guia de recolhimento da contribuição previdenciária (GPS).

O sindicato e o órgão gestor de mão-de-obra podem, mediante convênio com a autarquia, pagar esse benefício aos trabalhadores avulsos. O salário-família desses segurados independe do número de dias trabalhados no mês, devendo seu pagamento ser correspondente ao valor integral da cota.

Cabe ao INSS o pagamento de salário-família aos empregados e trabalhadores avulsos em gozo de benefício previdenciário.

Quando **o pai e a mãe** são segurados empregados ou trabalhadores avulsos, ambos **têm direito ao salário-família**, mesmo que trabalhem na mesma empresa.

O pagamento do salário-família será devido a partir da data da apresentação da certidão de nascimento do filho ou da documentação relativa ao equiparado, estando condicionado à **apresentação anual de atestado de vacinação obrigatória, até 6 anos de idade, e de comprovação semestral de freqüência à escola do filho ou equiparado, a partir dos 7 anos**.

Para efeito de concessão e manutenção do salário-família, o segurado deve firmar **termo de responsabilidade**, no qual se comprometa a comunicar à empresa ou ao INSS qualquer fato ou circunstância que determine a perda do direito ao benefício, como o falecimento do filho.

Em caso de divórcio, separação judicial ou de fato dos pais, abandono legalmente caracterizado ou perda do pátrio-poder, o salário-família passará a ser pago diretamente àquele que ficar com a responsabilidade pelo sustento do menor ou a outra pessoa, se houver determinação judicial nesse sentido.

O direito ao salário-família cessa automaticamente:

a) por morte do filho ou equiparado, a contar do mês seguinte ao do óbito;
b) quando o filho ou equiparado completar 14 anos de idade, salvo se inválido, a contar do mês seguinte ao da data do aniversário;
c) pela recuperação da capacidade do filho ou equiparado inválido, a contar do mês seguinte ao da cessação da incapacidade;
d) pelo desemprego do segurado.

SALÁRIO-MATERNIDADE

Arts. 71 a 73, Lei 8.213/91, e 93 a 103, Decreto 3.048/99

O salário-maternidade é o benefício devido à segurada, **durante 120 dias**, com início 28 dias antes e término 91 dias depois do parto. Mesmo em caso de parto antecipado, esse benefício será devido por 120 dias.

É permitido pela legislação que a concessão do benefício ocorra até o dia do parto, já que se trata de um evento imprevisível.

Em regra, a legislação previdenciária não exige exame médico-pericial para a concessão do salário-maternidade.

Quando o benefício for requerido após o parto, o documento comprobatório é a certidão de nascimento, podendo, em caso de dúvida, a segurada ser submetida a avaliação pericial a cargo do INSS.

Em casos excepcionais, os períodos de repouso anteriores e posteriores ao parto podem ser acrescidos de **duas semanas**, mediante atestado médico específico. Assim, a segurada pode obter quatro semanas adicionais de descanso.

Somente é exigida carência para concessão do salário-maternidade para as seguradas **contribuinte individual, especial e facultativa,** equivalente a **10 contribuições mensais**. Em caso de parto antecipado, o período de carência será reduzido em número de contribuições equivalente ao número de meses em que o parto foi antecipado.

Será devido salário-maternidade à segurada especial desde que comprove o exercício de atividade rural, nos últimos dez meses imediatamente anteriores ao requerimento do benefício, mesmo que de forma descontínua.

As seguradas empregadas, avulsas e empregadas domésticas independem de carência para o recebimento desse benefício.

Para fins de concessão de salário-maternidade, considera-se parto o evento ocorrido **a partir da 23.ª semana** (sexto mês) de gestação, inclusive em caso de natimorto, ou seja, caso a segurada perca o feto a partir desse prazo, ser-lhe-á garantido o recebimento do **benefício integral (120 dias)**.

Em caso de aborto não criminoso, considerado para tanto o evento ocorrido **antes da 23.ª semana** de gestação, comprovado mediante atestado médico, a segurada terá direito ao **salário-maternidade correspondente a duas semanas**.

O salário-maternidade das seguradas empregadas é pago diretamente pela empresa, devendo esta efetuar o reembolso por meio de dedução do valor da guia de pagamento de contribuições previdenciárias (GPS). As seguradas das demais categorias, inclusive as empregadas domésticas, recebem o benefício diretamente do INSS.

A renda mensal do salário-maternidade não é calculada com base no salário-de-benefício. A forma de cálculo do valor dependerá da categoria da segurada, conforme segue:

- **Empregada** – Valor de sua remuneração integral, podendo ultrapassar o teto do salário-de-contribuição, limitado apenas ao valor do subsídio mensal dos ministros do Supremo Tribunal Federal – STF (art. 248, CF), correspondente, hoje, a R$ 24.500,00. Saliente-se, contudo, que, sendo a remuneração da empregada superior ao subsídio do ministro do STF, deve a empresa arcar com o custo adicional do salário-maternidade, evitando, dessa forma, prejuízo à empregada. Se a remuneração da empregada for variável, a empresa deve calcular o valor do salário-maternidade com base na média dos seis meses anteriores à concessão do benefício.

- **Trabalhadora avulsa** – Sua última remuneração integral equivalente a um mês de trabalho, não sujeita ao limite máximo do salário-de-contribuição, exceto ao imposto aos ministros do STF.
- **Empregada doméstica** – Valor correspondente a seu último salário-de-contribuição, sujeito ao limite do maior salário-de-contribuição.
- **Segurada especial** – Um salário mínimo, salvo se recolher suas contribuições, facultativamente, como contribuinte individual.
- **Contribuinte individual e facultativa e as seguradas que mantenham a qualidade de seguradas (período de graça)** – Valor de 1/12 da soma dos 12 últimos salários-de-contribuição, apurados em período não superior a 15 meses, limitado ao teto do salário-de-contribuição. Caso a segurada possua menos de 12 salários-de-contribuição nos 15 meses anteriores ao parto, seu benefício corresponderá a 1/12 do montante correspondente à soma dos meses de contribuição.

Note-se que devido à alteração promovida pelo Decreto 6.122, de 13/06/07, que acrescentou o parágrafo 3º, ao artigo 101, do Decreto 3.048/99, durante o período de graça, o valor do salário-maternidade deve ser calculado a partir da mesma regra de cálculo deste benefício para as seguradas contribuintes individuais e facultativas.

O **salário-maternidade é devido** a todas as categorias de seguradas da Previdência Social que **adotarem** ou **obtiverem guarda judicial para fins de adoção** de criança com idade de:

a) até 1 ano completo: 120 dias;
b) de 1 a 4 anos completos: 60 dias;
c) de 4 a 8 anos: 30 dias.

A segurada adotante tem direito ao salário-maternidade independentemente de a mãe biológica ter recebido o mesmo benefício quando do nascimento da criança. É pago pela Previdência Social.

A segurada aposentada que retornar à atividade fará jus ao pagamento do salário-maternidade.

Auxílios

AUXÍLIO-DOENÇA

Arts. 19 a 23 e 59 a 64, Lei 8.213/91, e 71 a 80, Decreto 3.048/99

O auxílio-doença é o benefício devido ao segurado que ficar **incapacitado** para seu trabalho ou para a atividade habitual **por mais de 15 dias consecutivos**.

Da mesma forma que a aposentadoria por invalidez, não será devido auxílio-doença ao segurado que se filiar ao RGPS já sendo portador de doença ou lesão invocada como causa da concessão do benefício, salvo quando a incapacidade sobrevier, por motivo de progressão ou agravamento dessa doença ou lesão.

A verificação da incapacidade é feita mediante exame médico-pericial a cargo do INSS. A Previdência Social deve processar, de ofício, o auxílio-doença quando tiver ciência da incapacidade do segurado, mesmo que o trabalhador não o tenha requerido.

O INSS poderá estabelecer, mediante avaliação médico-pericial, o prazo que entender suficiente para a recuperação da capacidade para o trabalho do segurado, dispensada, nessa hipótese, a realização de nova perícia. Caso o prazo concedido para a recuperação se revele insuficiente, o segurado poderá solicitar a realização de nova perícia médica (art.78, §§ 1º e 2º, do Dec. 3.048/99, acrescido pelo Dec. 5.844, de 13/07/06).

É a chamada alta programada, duramente criticada por grande parte da doutrina previdenciária. Com esta sistemática, os benefícios de auxílio-doença são cessados após o prazo estabelecido, independentemente de nova perícia-médica que aponte a recuperação para a capacidade para o trabalho. Se o segurado não estiver apto para o trabalho, pode solicitar prorrogação do seu benefício.

O segurado em gozo de auxílio-doença está obrigado, independentemente de sua idade e sob **pena de suspensão do benefício**, a submeter-se a exame médico a cargo da Previdência Social, a processo de reabilitação profissional por ela prescrito e custeado e a tratamento dispensado gratuitamente, exceto o cirúrgico e a transfusão de sangue, que são facultativos.

O segurado em gozo de auxílio-doença insuscetível de recuperação para sua atividade habitual deverá submeter-se a processo de reabilitação profissional para exercício de outra atividade, não cessando o benefício até que seja dado como habilitado para o desempenho de nova atividade que lhe garanta a subsistência ou, quando considerado não recuperável, seja aposentado por invalidez.

A renda mensal do auxílio-doença é de 91% do salário-de-benefício, calculado pela média aritmética simples dos 80% maiores salários-de-contribuição cotados a partir de julho de 1994.

A carência para o auxílio-doença é de 12 contribuições mensais, sendo dispensada nos casos de acidente de qualquer natureza, doença profissional ou do trabalho e doenças e afecções especificadas em lista elaborada pelos Ministérios da Saúde e da Previdência Social, a cada três anos, de acordo com os critérios de estigma, deformação, mutilação, deficiência ou outro fator que lhe confira especificidade e gravidade que mereçam tratamento particularizado.

Saliente-se que independe de carência a concessão de auxílio-doença aos segurados especiais desde que comprovem o exercício de atividade rural no período de 12 meses imediatamente anterior ao requerimento do benefício, ainda que de forma descontínua.

O auxílio-doença pode ser de dois tipos:

- **Auxílio-doença acidentário** – Quando decorrente de acidentes de qualquer natureza, acidentes do trabalho e equiparados, doença profissional e doença do trabalho.
- **Auxílio-doença ordinário** – Em relação aos demais casos, de origem não-ocupacional.

Observe-se que, do ponto de vista previdenciário, as únicas diferenças entre essas duas modalidades de auxílio-doença é que o primeiro dispensa a carência e, se for ocasionado por acidente de trabalho ou doença ocupacional, exige a emissão da Comunicação de Acidente de Trabalho (CAT). Todas as demais regras são equivalentes, incluindo a forma de cálculo de seu valor.

A Medida Provisória 316, convertida na Lei 11.430, de 26/12/06, acrescentou o artigo 21-A, à Lei 8213/91, com a seguinte redação: "Presume-se caracterizada incapacidade acidentária quando estabelecido o nexo técnico epidemiológico entre o trabalho e o agravo, decorrente da relação entre a atividade da empresa e a entidade mórbida motivadora da incapacidade, em conformidade com o que dispuser o regulamento".

Desta forma, com o nexo técnico epidemiológico previdenciário (NTEP) previsto em regulamento, o Médico-Perito da Previdência Social verificará a relação da doença do segurado com a atividade desenvolvida na empresa, a partir de decreto elaborado com esta finalidade, e presumirá, caso seja detectado nexo causal, que a doença foi decorrente de acidente de trabalho.

O Decreto 6.042/99 regulamentou o NTEP, inserindo os parágrafos 3º a 13º, no artigo 337, do Regulamento da Previdência Social - RPS, aprovado pelo Decreto 3.048/99. Assim, considera-se estabelecido o nexo entre o trabalho e o agravo quando se verificar nexo técnico epidemiológico entre a atividade da empresa e a entidade mórbida motivadora da incapacidade, elencada na Classificação Internacional de Doenças (CID), em conformidade com o disposto na Lista B do Anexo II, do RPS.

O segurado que sofreu acidente do trabalho tem garantida, pelo prazo mínimo de 12 meses, a manutenção de seu contrato de trabalho na empresa, após a cessação do auxílio-doença acidentário, independentemente da percepção de auxílio-acidente. Esta é uma garantia trabalhista ao acidentado.

Da mesma forma que a aposentadoria por invalidez, o auxílio-doença será devido:

a) ao **segurado empregado**, a partir do 16.º dia do afastamento da atividade ou a partir da entrada do requerimento, se entre o afastamento e a entrada do requerimento decorrerem mais de 30 dias;
b) ao **segurado empregado doméstico, trabalhador avulso, contribuinte individual, especial e facultativo**, a partir da data do início da incapacidade ou da data da entrada do requerimento, se entre essas datas decorrerem mais de 30 dias.

Durante os primeiros 15 dias de afastamento, caberá à empresa pagar ao segurado empregado o salário correspondente. Essa obrigatoriedade não se estende ao empregador doméstico, devendo a Previdência conceder o benefício a partir do início da incapacidade.

Ficando o segurado não empregado incapacitado por menos de 15 dias, terá de arcar com o ônus de seu afastamento. Saliente-se que não está entre as garantias do empregado doméstico elencadas na Constituição Federal o recebimento de remuneração durante os primeiros 15 dias de afastamento, embora, na prática, os empregadores costumem pagar seu salário quando ocorrem pequenos períodos de licença.

Quando o segurado que exercer mais de uma atividade incapacitar-se, definitivamente, para uma delas, deverá o **auxílio-doença ser mantido, indefinidamente**, não cabendo sua transformação em aposentadoria por invalidez enquanto essa incapacidade não se estender às demais atividades. Essa questão será retomada no próximo tópico, "Auxílio-acidente".

Se concedido novo benefício **decorrente da mesma doença dentro de 60 dias**, contados da cessação do benefício anterior, **a empresa fica desobrigada do pagamento relativo aos 15 primeiros dias** de afastamento, prorrogando-se o benefício anterior e descontando-se os dias trabalhados, se for o caso.

> **Exemplo:** Jorge afastou-se de suas atividades de digitador, por dois meses, em decorrência de uma lesão na mão esquerda. Retornou ao trabalho e, dez dias depois, por causa de um sangramento na mesma mão, foi obrigado a afastar-se novamente. O INSS assumirá o pagamento do auxílio-doença desde o primeiro dia do novo afastamento.

Se o segurado empregado, por motivo de doença, afastar-se do trabalho durante 15 dias e **retornar à atividade no 16.º dia**, e se dela voltar a se afastar dentro de 60 dias, fará jus ao auxílio-doença a partir da data do novo afastamento, **somente se o novo afastamento foi decorrente da mesma doença.**

Exemplo: Fábio ficou afastado de suas atividades por 15 dias, em razão de uma cirurgia de pequeno porte. Um mês após seu retorno ao serviço, Fábio teve de ser novamente internado em decorrência da cirurgia sofrida. O INSS concederá o auxílio-doença a Fábio a partir do primeiro dia do novo afastamento.

O auxílio-doença cessa com a recuperação da capacidade para o trabalho ou com a transformação em aposentadoria por invalidez ou em auxílio-acidente de qualquer natureza – nesse caso, desde que resulte em seqüela que implique redução da capacidade para o trabalho que o segurado habitualmente exercia.

AUXÍLIO-ACIDENTE

Arts. 86, Lei 8.213/91, e 104, Decreto 3.048/99

O auxílio-acidente é o benefício concedido, como forma de indenização, ao segurado **empregado**, exceto o doméstico, ao **trabalhador avulso** e ao **segurado especial** quando, após a consolidação das lesões **decorrentes de acidente de qualquer natureza**, resultar em seqüela definitiva que implique:

a) redução da capacidade para o trabalho que habitualmente exerciam;

b) redução da capacidade para o trabalho que habitualmente exerciam e exija maior esforço para o desempenho da mesma atividade que exercia à época do acidente;

c) impossibilidade de desempenho da atividade que exerciam à época do acidente, porém permita o desempenho de outra, após processo de reabilitação profissional, nos casos indicados pela perícia médica do INSS.

A concessão do auxílio-acidente está condicionada à confirmação, pela perícia médica do INSS, da redução da capacidade laborativa do segurado, em decorrência de acidente de qualquer natureza.

Exemplo: Eunice, digitadora de um jornal, perdeu um dedo ao soltar uma bomba na festa de São João de Amargosa. Como o médico perito avaliou que ela teria condições de continuar exercendo a atividade de digitadora, embora com um pouco mais de dificuldade, foi concedido o benefício do auxílio-acidente com base no item *b*.

Caso Eunice tivesse perdido quatro dedos, não teria mais condições de continuar exercendo a atividade de digitadora. Nesse caso, ela poderia, após processo de reabilitação profissional que a capacitasse para uma nova função, como a de telefonista, receber, da mesma forma, o auxílio-acidente com base no item *c*.

Ressalte-se que não há necessidade de carência para a concessão deste benefício.

O auxílio-acidente será devido a partir **do dia seguinte ao da cessação do auxílio-doença, independentemente de qualquer remuneração ou rendimento auferido pelo acidentado**, vedada sua acumulação com qualquer aposentadoria.

Note-se que o auxílio-acidente é pago apenas após a recuperação do segurado afastado por auxílio-doença. O segurado pode, então, retornar ao trabalho remunerado, recebendo, cumulativamente, o benefício.

O salário-de-benefício é calculado pela média aritmética dos 80% maiores salários-de-contribuição cotados a partir de julho de 1994.

A renda mensal do auxílio-acidente corresponderá a 50% do salário-de-benefício que deu origem ao auxílio-doença do segurado, corrigido até o mês anterior ao do início do auxílio-acidente, e será devido até a véspera de início de qualquer aposentadoria ou até a data do óbito do segurado.

Não há impedimento para que esse benefício seja pago em valor inferior ao do salário mínimo, uma vez que não substitui a remuneração do trabalho.

Como já comentado para cálculo do salário-de-benefício das aposentadorias, os valores mensais do auxílio-acidente devem ser somados ao salário-de-contribuição, repercutindo no valor do benefício.

A perda da audição, em qualquer grau, somente proporcionará a concessão do auxílio-acidente quando, além do reconhecimento do nexo de causa entre o trabalho e a doença, resultar, comprovadamente, na redução ou perda da capacidade para o trabalho que o segurado habitualmente exercia.

Assim como ocorre com o salário-maternidade, a legislação proíbe a concessão de auxílio-acidente quando o segurado estiver desempregado durante o período de manutenção da qualidade de segurado. Caso ocorra, nesse período, acidente de qualquer natureza, o segurado poderá requerer o auxílio-doença previdenciário, mas, ao término deste, não lhe será concedido o auxílio-acidente.

Saliente-se que o **auxílio-acidente será suspenso** quando da concessão ou da reabertura do auxílio-doença em **razão do mesmo acidente ou doença** que lhe tenha dado origem. O auxílio-acidente suspenso será restabelecido após a cessação do auxílio-doença concedido ou reaberto.

Benefícios pagos aos dependentes

Pensão por morte

Arts. 74 a 79, Lei 8.213/91, e 105 a 115, Decreto 3.048/99

A pensão por morte será devida ao conjunto dos dependentes do segurado que falecer, aposentado ou não, a contar da data:

I) do óbito, quando requerido até trinta dias depois deste;

II) do requerimento, quando requerida após o prazo previsto no inciso I; ou

III) da decisão judicial, no caso de morte presumida.

A concessão da pensão por morte não será protelada pela falta de habilitação de outro possível dependente, e qualquer habilitação posterior que importe exclusão ou inclusão de dependente somente produzirá efeito a partir da data da habilitação.

Atente-se para o fato de que a inscrição do dependente só é cabível no ato do requerimento do benefício. Não é possível, então, que o INSS proceda à conversão automática dos benefícios de aposentadoria em pensão por morte.

A pensão por morte somente será devida ao dependente inválido se for comprovada pela perícia médica a existência de invalidez na data do óbito do segurado.

Da mesma forma que o aposentado por invalidez, o pensionista inválido está obrigado, independentemente de sua idade e sob pena de **suspensão** do benefício, a submeter-se a exame médico a cargo da Previdência Social, a processo de reabilitação profissional por ela prescrito e custeado e a tratamento dispensado gratuitamente, exceto o cirúrgico e a transfusão de sangue, que são facultativos.

O dependente menor de idade que se invalidar antes de completar 21 anos deverá ser submetido a exame médico-pericial, não se extinguindo a respectiva cota, se confirmada a invalidez.

Não há exigência de carência para a concessão do benefício de pensão por morte, pois esse evento é totalmente imprevisível.

O valor do benefício de pensão por morte é de 100% do valor da aposentadoria que o segurado recebia ou daquela a que teria direito se estivesse aposentado por invalidez, na data de seu falecimento.

O pagamento da cota individual da pensão por morte cessa:

a) pela morte do pensionista;

b) para o pensionista menor de idade, ao completar 21 anos, salvo se for inválido, ou pela emancipação, **ainda que inválido**, exceto, nesse caso, se a emancipação for decorrente de colação de grau científico em curso de ensino superior;

c) para o pensionista inválido, pela cessação da invalidez, verificada em exame médico-pericial a cargo da Previdência Social;

d) pela adoção, para o filho adotado que receba pensão por morte dos pais biológicos.

Com a extinção da cota do último pensionista, a pensão por morte será encerrada, não podendo ser transferida para pensionistas de classe inferior.

Auxílio-reclusão

Arts. 80, Lei 8.213/91, e 116 a 119, Decreto 3.048/99

O auxílio-reclusão é devido aos dependentes do segurado de **baixa renda** (que recebe remuneração igual ou inferior a R$ 676,27 – Portaria 142/07) recolhido à prisão que não receber remuneração da empresa nem estiver em gozo de auxílio-doença, aposentadoria ou abono de permanência em serviço (benefício já extinto).

O benefício é concedido apenas durante o período em que o segurado estiver recolhido à prisão **sob regime fechado ou semi-aberto**. Não é necessário o trânsito em julgado da ação para a concessão do auxílio-reclusão, sendo qualquer sentença judicial que restrinja a liberdade do segurado suficiente para ensejar o direito a esse benefício.

Equipara-se à condição de recolhido à prisão a situação do maior de 16 e menor de 18 anos de idade que se encontre internado em estabelecimento educacional ou congênere, sob custódia do Juizado da Infância e da Juventude.

Não cabe a concessão do auxílio-reclusão aos dependentes do segurado que esteja em livramento condicional ou que cumpra pena em regime aberto, assim entendido aquele cuja execução da pena seja em casa de albergado ou estabelecimento adequado.

O exercício de atividade remunerada pelo segurado recluso, em cumprimento de pena em regime fechado ou semi-aberto, que contribuir na condição de contribuinte individual não acarreta perda do direito ao recebimento do auxílio-reclusão por seus dependentes.

O segurado recluso, ainda que contribua como contribuinte individual ou facultativo, não faz jus aos benefícios de auxílio-doença e de aposentadoria durante a percepção, pelos dependentes, do auxílio-reclusão, permitida a opção, **desde que manifestada, também, pelos dependentes**, pelo benefício mais vantajoso.

O pedido de auxílio-reclusão deve ser instruído com certidão do efetivo recolhimento do segurado à prisão, firmada pela autoridade competente. O benefício será mantido enquanto o segurado permanecer detento ou recluso.

Para fins de controle, os dependentes deverão apresentar, **trimestralmente**, atestado de que o segurado continua detido ou recluso, firmado pela autoridade competente.

No caso de fuga, o benefício será **suspenso** e, havendo recaptura do segurado, será restabelecido a partir da data em que esta ocorrer, desde que esteja, ainda, mantida a qualidade de segurado. Se houver exercício de atividade dentro do período de fuga, o mesmo será considerado para a verificação da perda ou não da qualidade de segurado.

A data de início do benefício será fixada na data do efetivo recolhimento do segurado à prisão, se requerido até 30 dias depois desta, ou na data do requerimento, se protocolado em data posterior. Fica resguardado, entretanto, o direito ao benefício de auxílio-reclusão aos menores ou incapazes desde a data do efetivo recolhimento à prisão do segurado, mesmo que o requerimento do benefício tenha ocorrido depois de transcorridos 30 dias.

Falecendo o segurado detido ou recluso, o auxílio-reclusão que estiver sendo pago será, automaticamente, convertido em pensão por morte. Note-se que, nessa situação, a Previdência Social já terá conhecimento de quem são os dependentes habilitados do segurado, sendo, por isso, possível a conversão automática.

Não havendo concessão de auxílio-reclusão em razão de salário-de-contribuição superior a R$ 676,27, será devida pensão por morte aos dependentes se o óbito do segurado tiver ocorrido até 12 meses após o livramento.

Os pagamentos do auxílio-reclusão serão suspensos:

a) no caso de fuga;
b) se o segurado, ainda que privado de liberdade, passar a receber auxílio-doença;
c) se o dependente deixar de apresentar atestado trimestral, firmado pela autoridade competente, para prova de que o segurado permanece recolhido à prisão;
d) quando o segurado deixar a prisão por livramento condicional, por cumprimento da pena em regime aberto ou por prisão-albergue.

O auxílio-reclusão cessa:

a) pela perda da qualidade de dependente, com a extinção da última cota individual;
b) se o segurado, ainda que privado de sua liberdade ou recluso, passar a receber aposentadoria;
c) pelo óbito do segurado;
d) na data da soltura.

Em Resumo

Benefícios da Previdência Social

Benefício	Beneficiários	Requisito básico	Salário-de-benefício	Renda mensal do benefício	Carência
Aposentadoria por invalidez	Todos	Invalidez permanente	Média 80% > SC	100 % x SB	12 CM, salvo acidentes ou doenças listadas
Aposentadoria por idade	Todos	65 anos, se homem, 60, se mulher, com redução de cinco para os rurais	Média 80% > SC x fator previdenciário facultativo	70 % x SB + 1% x SB por grupo de 12 SC	180 CM
Aposentadoria por tempo de contribuição	Todos, exceto segurado especial	35 anos, se homem, 30, se mulher, com redução de cinco anos para professores dos ensinos fundamental e médio	Média 80% > SC x fator previdenciário obrigatório	100 % x SB	180 CM
Aposentadoria especial	Empregados, avulsos e cooperados	Contato com agente nocivo por 15, 20 ou 25 anos	Média 80% > SC	100 % x SB	180 CM
Salário-família	Empregados e avulsos, aposentados por invalidez, por idade e demais com 65 anos, homens, e 60, mulheres	Filhos menores de 14 anos ou inválidos Baixa renda (até 676,27)	Não aplicável	a) R$ 23,08, para o segurado com remuneração mensal não superior a R$ 449,93; b) R$ 16,26, para o segurado com remuneração mensal superior a R$ 449,93 e igual ou inferior a R$ 676,27.	Não há
Salário-maternidade	Todos	Parto, adoção ou aborto	Não aplicável	Para empregadas e avulsas, sua remuneração integral até o teto do STF Para as demais seguradas, teto do SC	10 CM para as contribuintes individuais e facultativas e 10 meses de trabalho rural para as especiais

(Continua)

(Continuação)

Benefício	Beneficiários	Requisito básico	Salário-de-benefício	Renda mensal do benefício	Carência
Auxílio-doença	Todos	Incapacidade temporária	Média 80% > SC	91% x SB	12 CM, salvo acidentes ou doenças listadas
Auxílio-acidente	Empregados, avulsos e segurados especiais	Acidente de qualquer natureza que deixe seqüela	Média 80% > SC	50% x SB	Não há
Pensão por morte	Todos	Morte do segurado	Não aplicável	Valor da aposentadoria que recebia ou da aposentadoria por invalidez a que teria direito	Não há
Auxílio-reclusão	Todos	Prisão do segurado em regime fechado ou semi-aberto Baixa renda (R$ 676,27)	Não aplicável	Valor da aposentadoria que recebia ou da aposentadoria por invalidez a que teria direito	Não há

CM: contribuições mensais; SB: salário-de-benefício; SC: salário-de-contribuição.

Preste Atenção

1. O garimpeiro é objeto de diversas questões de concursos públicos. Perceba que ele não é segurado especial, mas contribuinte individual. Beneficia-se, contudo, da redução de cinco anos da idade exigida para a concessão da aposentadoria por idade.

2. Não existe necessidade de acumulação dos requisitos tempo de contribuição e idade nas aposentadorias concedidas pelo RGPS.

3. O salário-maternidade da adotante é pago diretamente pela Previdência Social, **mesmo para as seguradas empregadas**.

4. O auxílio-acidente é devido em decorrência de **acidente de qualquer natureza**, e não, apenas, em caso de acidente de trabalho, como muitos costumam acreditar.

12

Serviços da Previdência Social

Além dos benefícios analisados no capítulo anterior, a Previdência Social oferece serviços para os segurados e seus dependentes. Os benefícios, como visto, são prestações pecuniárias concedidas aos beneficiários que se encontrem nas situações abrangidas pelo sistema de proteção social. Já os serviços buscam apoiar os segurados no exercício de sua atividade ou na relação com a Previdência Social e com a própria sociedade.

Serviço social

Arts. 88, Lei 8.213/91, e 161, Decreto 3.048/99

O serviço social constitui atividade auxiliar do seguro social e visa a prestar ao beneficiário orientação e apoio no que concerne à solução dos problemas pessoais e familiares e à melhoria de sua inter-relação com a Previdência Social, para a solução de questões referentes a benefícios, bem como, quando necessário, à obtenção de outros recursos sociais da comunidade.

Compete ao serviço social esclarecer aos beneficiários seus direitos sociais e os meios de exercê-los, estabelecendo, conjuntamente, o processo de solução dos problemas que emergirem de sua relação com a Previdência Social, tanto no âmbito interno da instituição como na dinâmica com a sociedade.

O serviço social prioriza o atendimento aos segurados no que tange a benefício por incapacidade temporária e dá atenção especial aos aposentados e pensionistas.

Habilitação e reabilitação profissional

Arts. 89 a 93, Lei 8.213/91, e 136 a 141, Decreto 3.048/99

A habilitação e reabilitação profissional visa a oferecer aos beneficiários incapacitados parcial ou totalmente para o trabalho, em caráter obrigatório, independentemente de carência, e às pessoas portadoras de deficiência os meios indicados para o reingresso no mercado de trabalho e no contexto em que vivem.

Como visto, os segurados aposentados por invalidez, em gozo de auxílio-doença, e os dependentes inválidos que recebem benefícios estão obrigados a submeter-se a processo de reabilitação profissional.

O INSS deve promover a prestação desse serviço aos segurados, **inclusive aposentados**, e, de acordo com as possibilidades administrativas, técnicas, financeiras e as condições locais do órgão, a seus dependentes, preferencialmente mediante a contratação de serviços especializados.

As pessoas portadoras de deficiência serão atendidas por meio de celebração de convênio de cooperação técnico-financeira.

O serviço de habilitação e reabilitação profissional será executado por equipe multiprofissional especializada em medicina, serviço social, psicologia, sociologia, fisioterapia, terapia ocupacional e outras afins ao processo, sempre que possível na localidade do domicílio do beneficiário.

Quando indispensáveis ao desenvolvimento do processo de reabilitação profissional, o INSS fornecerá aos segurados, **inclusive aposentados**, em caráter obrigatório, e a seus dependentes, na medida das possibilidades do instituto, prótese e órtese, seu reparo ou substituição, instrumentos de auxílio para locomoção, equipamentos necessários à habilitação e à reabilitação profissional, transporte urbano e alimentação, assim como, na medida das possibilidades do instituto, a seus dependentes.

Concluído o processo de reabilitação profissional, o INSS emitirá certificado individual, indicando a função para a qual o reabilitando foi capacitado profissionalmente, sem prejuízo do exercício de outra para a qual se julgue capacitado.

A empresa que conta com número igual ou superior a cem empregados está obrigada a preencher de 2% a 5% de seus cargos com beneficiários reabilitados ou pessoas portadoras de deficiência habilitadas, na seguinte proporção:

Número de segurados	Porcentagem obrigatória
De 100 a 200	2%
De 201 a 500	3%
De 501 a 1.000	4%
1.001 ou mais	5%

A dispensa de empregado na condição estabelecida em processo de reabilitação, quando se tratar de contrato por tempo superior a 90 dias, e a imotivada, no contrato por prazo indeterminado, somente poderão ocorrer após a contratação de substituto, em condições semelhantes.

Registre-se, porém, que, ao contrário do que sugerem os termos "habilitação" e "reabilitação", os serviços oferecidos pelo INSS não dizem respeito ao recondicionamento físico ou mental dos beneficiários, mas à (re)capacitação para uma nova atividade, inclusive por meio de promoção de treinamentos em entidades conveniadas, como Senai e Senac.

Em Resumo

Serviços da Previdência Social

Serviços da Previdência Social

- Serviço social – Visa a esclarecer aos beneficiários seus direitos sociais e os meios de exercê-los, estabelecendo, conjuntamente, o processo de solução dos problemas que emergirem de sua relação com a Previdência Social.
- Habitação e reabilitação profissional – Visa a proporcionar aos beneficiários incapacitados parcial ou totalmente e às pessoas portadoras de deficiência os meios para o reingresso no mercado de trabalho.

Preste Atenção

1. O serviço social é uma modalidade de serviço da Previdência Social, embora seu nome faça acreditar que está vinculado à Assistência Social. Esta é uma "pegadinha" rotineira em questões de provas de concursos públicos.

2. No serviço de reabilitação profissional, não constitui obrigação da Previdência Social a manutenção do segurado no mesmo emprego ou sua colocação em outro para o qual foi reabilitado, cessando o processo de reabilitação profissional com a emissão do certificado.

3. Ao contrário do que sugerem os termos "habilitação" e "reabilitação", os serviços oferecidos pelo INSS não dizem respeito ao recondicionamento físico ou mental dos beneficiários, mas à (re)capacitação para uma nova atividade, inclusive por meio de promoção de treinamentos em entidades conveniadas, como Senai e Senac.

13

Benefício Assistencial de Prestação Continuada

Arts. 20 e 21, Lei 8.742/93

Os benefícios previdenciários são destinados apenas àqueles que contribuem para o sistema. Que ocorre, todavia, com as pessoas que não contribuíram para o custeio da Previdência Social quando não têm mais condições de sustentabilidade?

A Constituição Federal dispõe sobre a garantia de um salário mínimo de benefício mensal à pessoa portadora de deficiência e ao idoso que comprovem não possuir meios de prover à própria manutenção ou de tê-la provida por sua família. O benefício assistencial de prestação continuada foi, então, instituído pela Lei 8.742/93, a chamada Lei Orgânica da Assistência Social (LOAS).

Entende-se por família, então, o conjunto de dependentes previdenciários que vivam sob o mesmo teto e por família incapacitada de prover a manutenção da pessoa portadora de deficiência ou idosa aquela cujo cálculo da renda *per capita* (que corresponde à soma da renda mensal de todos os seus integrantes, dividida pelo número total de membros que compõem o grupo familiar) seja **inferior a um quarto do salário mínimo**.

O benefício assistencial destina-se, apenas, aos brasileiros natos e aos estrangeiros naturalizados e domiciliados no Brasil, desde que não estejam amparados pelo sistema previdenciário do país de origem, assim como aos indígenas. Poderá ser pago a mais de um membro da família, desde que comprovadas todas as condições exigidas, ou seja, caso um grupo familiar contenha um idoso e um deficiente, os dois podem ter direito ao benefício.

O **Estatuto do Idoso** regulou que o benefício concedido ao idoso não será computado para os fins do cálculo da renda familiar *per capita* para a concessão de novos benefícios assistenciais.

O benefício de prestação continuada deve ser **revisto a cada dois anos**, para avaliação da continuidade das condições que lhe deram origem. É intransferível, não gerando direito a pensão. **Não é pago abono anual em relação a esse benefício**. É devido, entretanto, pagamento de resíduo a herdeiros ou a sucessores, na forma da lei civil.

EM RESUMO

BENEFÍCIO ASSISTENCIAL DE PRESTAÇÃO CONTINUADA

Benefício assistencial de prestação continuada	→	Garantia de um salário mínimo à pessoa portadora de deficiência e ao idoso com 65 anos ou mais que comprove não possuir meios de prover a própria manutenção e também não possa tê-la provida por sua família.

PRESTE ATENÇÃO

Tanto o deficiente físico quanto o deficiente mental fazem jus a esse benefício desde o nascimento.

14

ACUMULAÇÃO DE BENEFÍCIOS

Arts. 86, § 2.º, Lei 8.212/91, e 102, 103, 104, § 2.º, 167 e 168, Decreto 3.048/99

Em regra, o segurado ou seus dependentes somente poderão ser contemplados com um único benefício que substitua a remuneração do trabalho, pois o objetivo da Previdência Social é criar condições de sustentabilidade a seus beneficiários.

Assim, a legislação previdenciária imprimiu uma série de vedações de acumulação de benefícios, dispondo que, salvo no caso de direito adquirido, não será permitido o recebimento conjunto dos seguintes benefícios da Previdência Social, inclusive quando decorrentes de acidente do trabalho:

a) aposentadoria com auxílio-doença;
b) mais de uma aposentadoria;
c) aposentadoria com abono de permanência em serviço (já extinto);
d) salário-maternidade com auxílio-doença ou aposentadoria por invalidez;
e) mais de um auxílio-acidente;
f) mais de uma pensão deixada por cônjuge;
g) mais de uma pensão deixada por companheiro ou companheira;
h) mais de uma pensão deixada por cônjuge e companheiro ou companheira (é facultado ao dependente optar pela mais vantajosa);
i) auxílio-acidente com qualquer aposentadoria;
j) seguro-desemprego com qualquer benefício de prestação continuada da Previdência Social, **exceto pensão por morte**, **auxílio-reclusão**, **auxílio-acidente**, auxílio-suplementar ou abono de permanência em serviço (os dois últimos, já extintos).
l) pensão mensal vitalícia de seringueiro (soldado da borracha) com qualquer outro benefício de prestação continuada mantido pela Previdência Social. (Essa pensão foi destinada aos seringueiros carentes recrutados pelo governo brasileiro para trabalhar na Amazônia, na produção de borracha, durante a Segunda Guerra Mundial. O benefício era de dois

salários mínimos e podia ser transferido para os dependentes reconhecidamente carentes, com base em critérios definidos pela lei.)

É **permitida** acumulação:

a) do **benefício previdenciário com a pensão vitalícia dos portadores** da deficiência física conhecida como **síndrome da talidomida** (focomelia), de que trata a Lei 7.070, de 20 de dezembro de 1982;

b) do **benefício previdenciário com a pensão especial devida aos dependentes das vítimas de hemodiálise de Caruaru (PE)**, prevista na Lei 9.422, de 24 de dezembro de 1996.

c) de **auxílio-doença com auxílio-acidente**, desde que originário de outro acidente ou de outra doença.

O **segurado recluso**, ainda que contribua como contribuinte individual, não faz jus aos **benefícios de auxílio-doença e de aposentadoria**, durante a percepção, pelos dependentes, do auxílio-reclusão, **permitida a opção, desde que manifestada, também, pelos dependentes, pelo benefício mais vantajoso.**

Em Resumo

Acumulação de Benefícios

A regra geral é que o segurado ou seus dependentes somente sejam contemplados com um único benefício que substitua a remuneração do trabalho, pois o objetivo da Previdência Social é criar condições de sustentabilidade a seus beneficiários. Há, contudo, casos em que a legislação previdenciária permite a acumulação de benefícios, conforme estudado neste capítulo.

Preste Atenção

Um novo casamento do viúvo não o faz perder o benefício de pensão anteriormente concedido. Essa é uma preocupação bastante presente entre a população. As pessoas que recebem pensão por morte deixam de formalizar o casamento temendo a perda do benefício.

15

PRESCRIÇÃO E DECADÊNCIA

Arts. 45 e 46, Lei 8.212/91, 103 e 104, Lei 8.213/91, e 253, 345, 347 a 349, Decreto 3.048/99

A distinção entre os institutos da prescrição e da decadência sempre foi assunto polêmico na doutrina. Modernamente, tem logrado bastante repercussão a diferenciação feita por Agnelo Amorim Filho, com base na classificação das ações feitas por Chiovenda em condenatórias, constitutivas e declaratórias.

Todavia, para fins de estudo do Direito Previdenciário, não serão abordadas essas discussões, por entendê-las pertinentes ao Direito Civil. Não contribuindo, de forma decisiva, para a compreensão da legislação previdenciária, a tentativa de definição precisa de tais conceitos jurídicos poderia confundir os leitores.

Assim, aqui somente se esclarece, de forma mais didática, que a decadência visa à segurança nos negócios jurídicos, tendo sido concebida com o fim de restringir o exercício de direito por quem o possui a certo lapso de tempo. A prescrição, por sua vez, tem como objeto a ação relativa ao direito, de forma que, com o decurso do tempo, a ação cabível é perdida, atingindo o próprio direito.

Decadência e prescrição para a Previdência Social em relação aos contribuintes

O direito de a Seguridade Social apurar e constituir seus créditos extingue-se após dez anos, contados:

a) do primeiro dia do exercício seguinte àquele em que o crédito poderia ter sido constituído;

b) da data em que se tornar definitiva a decisão que houver anulado, por vício formal, a constituição de crédito anteriormente efetuada.

Na hipótese de ocorrência de dolo, fraude ou simulação, a Seguridade Social pode, a qualquer tempo, apurar e constituir seus créditos. O direito de cobrar os créditos da Seguridade Social prescreve em dez anos, a partir da data de sua constituição. A procuradoria do INSS tem prazo de dez anos, após a constituição do crédito, para mover ação de execução fiscal contra o devedor.

Decadência do direito de restituir ou compensar

O direito de pleitear restituição ou reembolso ou de realizar compensação de contribuições ou de outras importâncias extingue-se em cinco anos, contados do dia:

a) do recolhimento ou do pagamento indevido;
b) em que se tornar definitiva a decisão administrativa ou passar em julgado a decisão judicial que tenha reformado, anulado ou revogado a decisão condenatória;
c) do vencimento da competência em que deixou de ser efetuado o reembolso, mediante dedução;
d) do vencimento para recolhimento da retenção efetuada com base na nota fiscal, fatura ou recibo de prestação de serviços.

Prescrição para desconstituição do crédito

O direito de pleitear judicialmente a desconstituição de exigência fiscal fixada pelo INSS/SRP, no julgamento de litígio em processo administrativo fiscal, extingue-se com o decurso do prazo de 180 dias, contado da intimação da referida decisão.

Decadência para a Previdência Social em relação aos beneficiários

O direito de a Previdência Social anular os atos administrativos de que decorram efeitos favoráveis para seus beneficiários decai em dez anos, contados da data em que foram praticados, salvo comprovada má-fé (Lei 10.839/04). Na hipótese de ocorrência de dolo, fraude ou simulação, a Seguridade Social pode, a qualquer tempo, anular o ato administrativo.

Decadência e prescrição para os beneficiários

É de dez anos o prazo de decadência de todo e qualquer direito ou ação do segurado ou beneficiário para a revisão do ato de concessão de benefício, a contar (MP 138/03):

a) do dia 1.º do mês seguinte ao do recebimento da primeira prestação;
b) do dia em que tomar conhecimento da decisão indeferitória definitiva, no âmbito administrativo.

Toda ação para haver prestações vencidas ou quaisquer restituições ou diferenças devidas pela Previdência Social, salvo o direito dos menores, dos incapazes e dos ausentes, na forma do Código Civil, prescreve em cinco anos, a contar da data em que deveriam ter sido pagas.

As ações referentes às prestações por acidente de trabalho prescrevem em cinco anos, contados da data:

a) do acidente, quando dele resultar a morte ou a incapacidade temporária, verificada esta em perícia médica a cargo da Previdência Social;
b) em que for reconhecida pela Previdência Social a incapacidade permanente ou o agravamento das seqüelas do acidente.

Em Resumo

Prescrição e Decadência

Em relação aos contribuintes

- Decadência em dez anos, contados:
  a) do primeiro dia do exercício seguinte;
  b) da anulação da constituição de crédito anteriormente efetuada.
- Prescrição em dez anos, após a constituição do crédito.

Direito de restituir

- Decadência de cinco anos a partir do fato gerador da restituição (pagamento indevido, anulação do crédito, etc.).
- Decadência de revisão de benefício em dez anos, contados:
  a) do dia 1.º do mês seguinte ao da primeira prestação;
  b) do conhecimento da decisão indeferitória no âmbito administrativo.

Para os beneficiários

- Prescrição em cinco anos para cobrar diferença de prestações.
- Prescrição de cinco anos para ações de acidente de trabalho, contados da data:
  a) do acidente que resultar em morte ou em incapacidade temporária;
  b) em que for reconhecida pela Previdência Social a incapacidade permanente ou o agravamento das seqüelas do acidente.

Preste Atenção

As regras de prescrição e decadência estudadas neste capítulo somente se aplicam às contribuições previdenciárias, não se estendendo às contribuições para outras entidades e fundos (terceiros). Essa distinção é fundamental, uma vez que o auditor-fiscal da Previdência Social é o responsável pelo lançamento das contribuições previdenciárias e das destinadas aos terceiros.

Referências Bibliográficas

Alexandrino, Marcelo; Paulo, Vicente. *Direito Tributário na Constituição e no STF*. 6. ed. Rio de Janeiro: Impetus, 2003.

Arruda, Maria da Glória Chagas. *A previdência privada aberta como relação de consumo*. São Paulo: LTR, 2004.

Balera, Wagner. *Sistema de Seguridade Social*. 3. ed. São Paulo: LTR, 2003.

Carreiro, Luciano Dorea Martinez; Kertzman, Ivan. *Guia prático da Previdência Social*. Salvador: Jus Podivm, 2003.

Castro, Carlos Alberto Pereira de; Lazzari, João Batista. *Manual de Direito Previdenciário*. 4. ed. São Paulo: LTR , 2003.

Código Tributário Nacional. Lei 5.172, de 25 outubro de 1966 [atualizada].

Consolidação das Leis do Trabalho. Decreto-lei 5.452, de 1.º de maio de 1943 [atualizada].

Constituição da República Federativa do Brasil, de 5 de outubro de 1988 [atualizada].

Delgado, Maurício Godinho. *Curso de Direito do Trabalho*. 3. ed. São Paulo: LTR, 2004.

Demo, Roberto Luis Luchi. *Jurisprudência previdenciária*. São Paulo: LTR, 2003.

Denari, Zelmo. *Curso de Direito Tributário*. 8. ed. São Paulo: Atlas, 2002.

Diniz, Maria Helena. *Compêndio de introdução à ciência do Direito*. 8. ed. São Paulo: Saraiva, 1995.

Fiuza, César. *Direito Civil*. 6. ed. Belo Horizonte: Del Rey, 2003.

Gonzaga, Paulo. *Perícia médica da Previdência Social*. 3. ed. São Paulo: LTR, 2004.

Ibrahim, Fábio Zambitte. *Curso de Direito Previdenciário*. 3. ed. Rio de Janeiro: Impetus, 2003.

Ibrahim, Fábio Zambitte; Tavares, Marcelo Leonardo; Vieira, Marcos André Ramos. *Comentários à Reforma da Previdência*. Rio de Janeiro: Impetus, 2004.

Instrução Normativa 95, de 7 de outubro de 2003 [atualizada].

INSTRUÇÃO NORMATIVA 100, de 18 de dezembro de 2003 [atualizada].

KERTZMAN, Ivan. *Curso prático de Direito Previdenciário*. Salvador: Jus Podivm, 2005.

LEI 10.666, de 8 de maio de 2003 [atualizada].

MARTINS, Sérgio Pinto. *Direito da Seguridade Social*. 11. ed. São Paulo: Atlas, 1999.

MACHADO, Hugo de Brito. *Curso de Direito Tributário*. 13. ed. São Paulo: Malheiros, 1998.

MARTINEZ, Wladimir Novaes. *Curso de Direito Previdenciário. Tomo II – Previdência Social*. 2. ed. São Paulo: LTR, 2003.

_________. *Curso de Direito Previdenciário. Tomo IV – Previdência complementar*. 2. ed. São Paulo: LTR, 2002.

_________. *Comentários à Lei Básica da Previdência Social. Tomo I – Custeio da Previdência Social*. 4. ed. São Paulo: LTR, 2003.

_________. *Comentários à Lei Básica da Previdência Social. Tomo II – Benefícios da Previdência Social*. 6. ed. São Paulo: LTR, 2003.

_________. *Direito adquirido na Previdência Social*. 2. ed. São Paulo: LTR, 2003.

_________. *Reforma da Previdência dos Servidores*. São Paulo: LTR, 2004.

_________. *Portabilidade na previdência complementar*. São Paulo: LTR, 2004.

MARTINS, Sérgio Pinto. *Execução da contribuição previdenciária na Justiça do Trabalho*. São Paulo: Atlas, 2001.

MINISTÉRIO DA PREVIDÊNCIA SOCIAL. www.previdenciasocial.gov.br. Acesso em 18/4/2005.

MORAES, Alexandre de. *Direito Constitucional*. 10. ed. São Paulo: Atlas, 2001.

OLIVEIRA, Aristeu de. *Reforma Previdenciária comentada*. São Paulo, Atlas, 2004.

ORNELAS, Waldeck. *Desatando o nó da Previdência*. Brasília: Senado Federal, 2002.

PIEDORNÁ, Zélia Lúcia. *Contribuição para Seguridade Social*. São Paulo: LTR, 2003.

PINTO, Raimundo Antônio Carreiro. *Enunciados do TST comentados*. 7. ed. São Paulo: LTR, 2004.

PLANO DE BENEFÍCIOS. Lei 8.213, de 24 de julho de 1991 [atualizada].

PLANO DE CUSTEIO. Lei 8.212, de 24 de julho de 1991 [atualizada].

REGULAMENTO DA PREVIDÊNCIA SOCIAL. Decreto 3.048, de 6 de maio de 1999 [atualizada].

SOUZA, Leni Xavier de Brito e. *Previdência Social, normas e cálculos de benefícios*. 7. ed. São Paulo: LTR, 2003.

TAVARES, Marcelo Leonardo. *Direito Previdenciário*. 4. ed. Rio de Janeiro: Lumen Juris, 2002.

VIEIRA, Marco André Ramos. *Manual de Direito Previdenciário*. Rio de Janeiro: Impetus, 2002.